JE NE VEUX PLUS ALLER À L'ÉCOLE

DU MÊME AUTEUR

Chez Christian Bourgois :

Les classes
Sbang-Sbang
Et les cris de la fée
Les innommables
Série policière de Reiner (13 titres)

Chez Jean-Claude Lattès :

Dracula père et fils
Les mers Adragantes
Passe-temps
Les appelés
Darakan
Les aventures fabuleuses d'Anselme Levasseur

Chez Albin Michel :

Jungle

Chez André Balland :

Les innommables (illustré par Gourmelin)

Claude Klotz

JE NE VEUX PLUS ALLER À L'ÉCOLE

BALLAND

L'école n'a pas de chance, elle commence avec l'automne et cela ne lui fait pas de la belle publicité.

Elle démarre avec la fin des feuilles et le début des grisailles pluvieuses, elle naît quand tout meurt, elle ouvre quand s'enfuit le soleil.

Elle est à contre-courant de la nature, rentrer en classe, c'est entrer dans le froid de l'hiver. Mais cela ne serait pas grave si elle n'était pas avant tout l'interruption de ce temps de belle vie qui avait nom vacances.

Une cassure nette et sans bavure qui vous bascule de la liberté dans les horaires, du rien faire dans le labeur, des cavalcades dans l'immobilité, du soleil dans la pluie, du rural dans l'urbain, de la nature dans la cité.

En deux temps trois mouvements, on passe du château de sable à l'autobus, du marchand de glaces au surveillant général (on dit je crois « conseiller d'éducation ») et du jeu au sérieux, ce qui est la pire des choses.

Pour peu que vous ayez vadrouillé en août ou juillet, vu des paysages, des villes, des montagnes, des gens, ce matin-là si vous y pensez, vous aurez de la peine à croire que tout ce que vous avez connu existe toujours, que cela ne va pas disparaître avec le coup de sifflet du directeur... Tûuut.

Rangez les montagnes, les soleils, les étoiles, les collines, les vallées et les océans et sortez vos cahiers, on n'est pas là pour rire, rêver c'est rêvasser, pas question de perdre son temps. Au fond, durant les vacances, on était dans l'erreur, c'était trop jouissif, ça ne pouvait pas être vraiment vrai, et puis surtout c'était trop gai, on était trop heureux, ça ne pouvait pas durer toujours. C'était du temps pour rire et on sait bien que quand c'est pour rire ça ne compte pas.

Je ne veux plus aller à l'école

Ne croyez pas que la rentrée soit difficile à l'élève seul, elle est terrible pour le prof, disons que l'anxiété est différente, je me souviens des miennes, à Bezons...

Ah, les rentrées à Anatole-France, la feuille ambrée nourrie d'un souffle rive gauche qui pendouille sur l'épaule de marbre d'Ysabeau de Bavière, le Luxembourg un petit matin, petits graviers, petits jets d'eau, petits cartables et le ciel géant bien aéré aux nuages coquets sur le Sénat jusqu'à l'Observatoire.

Je connais ce quartier et ces enfants moineaux d'octobre qui dribblent entre les chaises et poussent des cui-cui.

Où sont-ils les petits piafs le matin du premier jour, cravate quadrillée et pull mohair?

Rond-point des bus de Bezons devant la grille, les gosses sont là, déjà, la gueule triste, ils ont subi en deux mois une grande poussée de puberté, ça ne jacasse plus guère, ça rauque dur et ça roule sec, il y en a quelques-uns, pas des masses, avec leurs mères, bien emmerdés, qui font des pieds et des mains pour échapper au bisou.

Il fait déjà froid-humide, on va s'en payer pour un an, les internes sont rentrés d'hier et descendent du dortoir les crins collés à l'eau froide, prêts parés, déjà en bleu repassé.

Un bleu avec un pli au pantalon c'est navrant tellement ça fait neuf et attentionné.

C'est maman-soigneuse présente un peu, là, dans l'usine, la classe est vide encore et j'attends la fournée comme chaque fois, trente-six tables devant et l'odeur des couloirs, c'est peut-être cette année que j'achèterai la blouse grise, la craie salit tellement, l'odeur étouffe et la peau inensoleillée tourne au blanc d'école.

Pourtant il y a dans les jardins des fleurs sauvages et des collines où les semelles jutent dans un mauve gras et palpitant, le soleil casse-caillou, et la joie des cascades, Wyoming, menthes et figues d'Arabie, chamelles, cirques dévastés, la Grèce, les îles sucres caramels des côtes turques et des chevaux galopant, la nuit cernée de lacs, c'est ça qu'il faut que je leur apprenne sans aucun doute, la Beauté, les chariots au repos du soir.

C'est ça qu'on se dit à la rentrée, après on se fait une raison, on corrige les fautes, on fait des rédacs et la Beauté ce sera pour plus tard, pour jamais.

Adieu le printemps indien dans les douces vallées, c'est si dur de se dire que ça continue à exister et d'être obligé de s'enrayer les soleils pour trois trimestres, il faut bien qu'ils deviennent fraiseurs et moi il faut bien que je leur apprenne des choses utiles et ça ne s'apprend peut-être pas, les bruyères et les brises tremblées.

Je le voudrais. J'en voudrais des trucs aux premiers septembre.

Au fond, je voudrais leur apprendre le contraire de ce que je dois, les jours sérieux viennent, ils commencent dans cinq minutes, on peut tout de même bien avoir envie de lutter contre, ou ne pas se laisser faire par le décor et les saisons banlieusardes, il faut résister, pas se laisser prendre par ce néant de couleur.

C'est vrai, par les fenêtres, on ne voit pas une teinte qui cogne à la vitre, même le rond du sens interdit qui perd son rouge. Adieu les indigo, les safran, le bouton-d'or, la clématite, on se referme, on rentre, quoi, et c'est navrant.

Je ne veux plus aller à l'école

Les débuts d'années lorsqu'ils s'installent, qu'ils sont là devant et pour dix mois, je me tire un pâle sourire d'accueil, c'est rare qu'ils répondent.

En général, on sent que dehors ça va flotter et grisement.

La rentrée, il faudrait en sortir.

Quand je farfouille dans la boîte de mon enfance, un diable de souvenir en sort : mon arrivée à l'école Étienne-Dolet à Alfortville.

J'y suis entré horizontalement; je me cramponnais des deux mains au chambranle de la porte, tandis qu'une surveillante me tirait par les pieds.

J'ai donc vu, pour la première fois, le décor qui allait être celui de ma vie future, totalement de travers.

Préau, cours, classe, tout en travers. C'est peut-être pour ça que je n'ai jamais pu les avaler.

J'ai de la sympathie pour ce gosse hurlant que je fus dès le premier jour, je me dis que j'avais plus de jugeote qu'à présent : j'avais compris que cela n'allait pas être de la tarte.

Je ne m'étais pas trompé.

Il y a huit jours, je vais chercher le journal pour mon père qui habite toujours Alfortville.

J'ai connu la boutique autrefois, j'y ai volé quelques Bibi Fricotin, ma mère venait là à chaque rentrée pour m'acheter ces rouleaux de papier bleu qui recouvraient mes livres de classe et les rendaient si guillerets.

Cela faisait trente-cinq ans que je n'y étais pas entré.

Le marchand me salue, pas le genre causant, plutôt le style rend-la-monnaie-au-revoir-monsieur, mais il se trouve qu'il connaît mon père, qu'il est un vieux Alfortvillais, qu'il est né ici, qu'il a été à l'école Victor-Hugo, que...

Mes oreilles se dressent.

« Vous avez fait le cours complémentaire?

– Oui. »

Je prends ma respiration.

Je sens qu'il a compris ce que je vais dire, qu'il le sait déjà, son visage se colore, s'enfièvre, on se regarde, c'est déjà l'amour fou, le virement de cuti intégral, le coup de foudre, on va se rouler la biscotte.

« Mais alors, comme prof, vous avez eu L.? »

Adieu année 87, calvitie, myopie et cinquantaine, nous sommes en tablier noir avec liséré rouge, doigts pleins d'encre et galoches d'après-guerre, avec au cœur une passion dévorante qui nous soulève et nous soude :

La Haine. La haine pure, cent pour cent pure haine.

Implacable, farouche et hyper-résistante. J'ai connu des adjudants, des garagistes, des chefs de bureaux, des dévoués collègues mais mes détestations même intenses sur l'instant se sont effilochées, elles ont pris la couleur layette des photos anciennes, une nuance de nostalgie qui noie les contours, ce que certains appellent le pardon ou la mansuétude. Je ne voue plus mes adjudants aux gémonies, je ne crache plus sur la tombe de mes plombiers.

Une seule fureur reste toujours aussi nette, aussi violente, aussi cruciale, celle que j'ai vouée à L., le prof du cours complémentaire Victor-Hugo.

Et aujourd'hui elle nous submerge, le vendeur et moi, à cinquante balais et des poussières, elle nous fait bafouiller d'indignation, de toujours jeune et vibrante rage.

L. est mort depuis longtemps mais qu'il ne croie pas que je lui pardonne.

Il m'a fait trop la vie à la merde, celui-là.

Je lui dois trop de terreurs, trop d'humiliations, trop de peur.

Il m'a foutu en l'air tous mes dimanches parce qu'ils étaient la veille des lundis et que le lundi c'était lui. Guerre à ses cendres.

On a parlé longuement avec le marchand de journaux, je suis ressorti avec des frissons dans la colonne d'avoir évoqué tout cela.

J'ai encore cette panique en moi, cette terreur de grande transe, cette colique qui naissait des dictées.

Il faisait des pièges, ce crétin, des phrases spéciales, avec des trappes grammaticales, des traquenards de vocabulaire.

C'était le Vietcong de l'orthographe, le guérillero du participe passé :

On avait des mines sous chaque lettre. Il faisait des trous et il s'étonnait qu'on tombe dedans. Et une fois qu'il nous découvrait culbutés dans la fosse, il s'exclamait :

« Trente fautes! Trente-cinq! Record battu! »

En retenue quatre heures, huit heures, un mois, à recopier des règles : les verbes pronominaux, les mots composés, les attributs, les compléments d'agent...

Il m'a collé la phobie de l'orthographe. Je fais toujours des fautes, je n'ai jamais cessé d'en faire, j'en fais sans doute de plus en plus.

Je me demande si je n'ai pas choisi d'être écrivain parce que ça me permet d'en remplir impunément des pages.

On excuse tant d'un monsieur qui raconte des histoires, on ne peut pas exiger de lui qu'il nous décrive Venise sur la lagune et qu'il sache en même temps s'il doit accorder Pont des Soupirs avec mandoline.

Même aujourd'hui que l'orthographe est à la

mode, je ne supporte pas ces concours imbéciles, ces singes savants qui vous font un quart de faute sur trois pages bourrées de subjonctifs et qui s'en vantent, les connots.

Pardon, les connauds ou les connaux. Quel est le conod qui me dira comment s'écrit conaux?

Bref, tout cela vient de L.

Mais L., s'il fut pour moi un comble, n'est pas l'unique. J'ai tremblé bien avant lui, j'ai eu les chocottes bien après.

J'ai eu à mon tour des enfants, j'ai vu la pétoche dans leurs yeux, j'y ai retrouvé la mienne...

J'ai été prof aussi, quinze ans, à cinq classes de trente gosses par an, ça veut dire qu'il m'en est passé plus de deux mille devant le bureau. J'ai retrouvé parfois, souvent, cette crainte qui noue les gorges, fait monter les boules, parfois les larmes.

Alors l'école, c'est sans doute très bien, c'est même peut-être inévitable, ça apprend, pas beaucoup, mais enfin, tout de même, l'école c'est des choses excellentes, je n'en disconviens pas mais je voudrais dire ici que l'école cela peut être aussi le lieu où l'on introduit la peur dans le cœur des enfants.

Et la peur, que l'on s'y prenne comme on voudra pour la définir, c'est quand même toujours un peu la mort qui se faufile en vous, et moi j'en ai trop bavé pour ne pas le dire, j'étais un petit môme pas plus solitaire ni émotif qu'un autre et je l'ai bien ressenti et durement : pendant des années on m'a collé de la mort en moi et à six ans comme à douze, comme à dix-huit, personne ne le mérite. Vraiment de la belle saloperie.

Comme je ne sais pas très bien expliquer tout cela et que ça va être un livre plein d'injustices, autant commencer par le commencement, c'est-à-dire par la rentrée.

Souvent, j'avais tellement peur, que je ne savais plus exactement de quoi, il y a eu quelques années où la pétoche était devenue mon état permanent, une sorte de bain continu dans lequel je barbotais sans interruption aucune, c'était une nature seconde, j'étais fait de peau, de chair, de sang et de tremblote, cela entraînait des tachycardies.

Je sentais mon cœur battre, un marteau lourd dans sa cage étroite.

J'avais l'impression qu'il travaillait trop, qu'il s'userait vite, que je ne durerais pas longtemps.

J'avais eu cette impression à la campagne avec un petit piaf que j'avais attrapé.

Sous les plumes le cœur battait si vite qu'il en vibrait, un frémissement ininterrompu, une note de harpe continuelle.

Ce sont des athlètes, les piafs, il n'y a pas plus solide qu'un moineau, si on suivait leur rythme cardiaque on ne tiendrait pas dix secondes.

Une drôle d'impression, cette vie ténue, tendue comme une corde.

Eh bien, pendant ces années scolaires, j'étais devenu mon propre piaf, j'avais mon canari à l'intérieur, il me renvoyait sur le ring sans cesse et je me persuadais qu'à ce rythme je ne vivrais pas vieux, que je casserais vite.

C'est ce que je disais au début : la peur et la mort ne sont pas loin l'une de l'autre.

Quand on dit qu'on meurt de peur on imagine toujours une grande grosse peur terrible, le coup de barre de la terreur foudroyante, le surgissement de cent mille vampires qui vous bloquent l'air dans les tuyaux, l'explosion de l'épouvante instantanée qui vous coince la vie d'un coup en pleine gorge.

C'est une erreur énorme.

Ces peurs-là sont rares, elles sont spectaculaires et cinématographiques.

Mourir de peur peut prendre des années, des décennies...

Ça commence au préparatoire, ça peut continuer avec les baccalauréats, les adjudants, les chefs de bureaux...

A se demander si la peur et la mort ne sont pas la même chose, si plutôt l'une n'est pas le résultat de l'autre comme une sorte de cholestérol de l'âme.

Un dépôt qui vous bouche petit à petit les clairs tuyaux de la vie.

A force d'entasser les unes sur les autres, l'inquiétude minime, l'angoisse acidulée, la franche foirade, l'horrible pétoche et leurs multiples dérivés, on doit se former petit à petit une mélasse noire, un enduit de suie, un sang d'encre (expression qui sent sa scolarité).

Et c'est peut-être ça qui nous tue à la longue, à l'étouffée. La peur est un cancer commun.

D'ailleurs on dit, mais on dit tant de choses, que la peur d'avoir le cancer hâte le cancer, donc le cancer est peur. Un peu...

Mais revenons au début, à l'école.

Donc, j'avais peur. Je peux aujourd'hui me poser la question : de quoi?

Je n'avais pas la réponse évidemment. Il n'est même pas sûr que je l'aie aujourd'hui.

Toutes les raisons se mélangeaient, formaient un magma tremblotant d'insécurité.

Des dangers allaient surgir, inconnus (le danger est toujours inconnu), je les prévoyais, le résultat c'était un univers grisâtre, aigrelet, maigrelet et d'un infini déséquilibre.

Je n'ai eu aucune difficulté, enfant, à admettre que la terre est ronde dans la mesure où je l'avais toujours su, la preuve en était que je n'arrivais pas à tenir debout dessus.

Non seulement elle était ronde mais glissante, huilée, roulante, piégée...

Aujourd'hui, un peu mieux, à peine mieux mais un tout petit peu mieux, j'arrive à découper dans la grosse tranche de ce gâteau à la merde et j'y vois trois parts, trois causes; l'instit, bien sûr, mais aussi les autres, les copains et puis les parents, tout ça se mélangeait, s'interpénétrait en un bourbier terrible. On va analyser un peu, les voir les uns après les autres.

Les parents d'abord, tiens, honneur à la famille.

On va pas dresser des catalogues, mais tout de même, je me demande si les plus présents, les plus coopérants à la grande peur enfantine ne sont pas les gentils, ceux qui ne donnent pas dans le hurlement, qui n'emploient pas les grands orchestres beuglants des soirs de carnets scolaires.

Ceux qui éprouvent la peine sincère devant la note médiocre, l'annotation sans appel : « N'est manifestement pas au niveau de l'examen » – « Un effort est nécessaire » – « Doit absolument réaliser de sérieux progrès », etc., etc. Et ce sont les « etc. » qui comptent.

C'était mon cas à moi ça, j'avais des parents sympathiques, je n'ai pas pris de grandes taloches, pas de taloches du tout d'ailleurs.

Même pas de grands cris, c'était plutôt le style navré, navré-attendri. Et sincèrement, je les sentais.

Il faut dire qu'il y avait de quoi, au vu de mes résultats, sombrer dans la navrade absolue.

Alors venaient les phrases. D'abord celle qui

a dû bercer et berce sans doute encore les générations :

« Ce n'est pas pour nous que tu travailles, c'est pour toi. »

On pourrait écrire des volumes là-dessus. Phrase permanente dans nos civilisations reposant sur l'idée phare de la toute-puissance du résultat scolaire sur le futur de l'individu.

Celui qui n'obtient pas la note requise aura sa vie manquée.

A travers les chiffres rouges et soulignés se profilent les existences lamentables, les lents bureaux gris où l'adulte de demain traînera les pieds jusqu'à la retraite sous des ampoules de faible ampérage.

Alors que Gaston Joyeux, le voisin du quatrième qui obtient le tableau d'honneur avec une régularité de métronome, boira dans des flûtes cristallines le champagne des belles réussites sociales.

Il aura la situation.

Celle qui permet de régner, de se faire les Seychelles une fois de temps en temps, d'avoir la résidence secondaire avec la tondeuse autotractée et pléthore de SICAV.

Désespoir absolu : dans l'œil désolé du papa fatigué l'enfant lit son sort; ça ne va pas être une belle vie, que sa vie...

Avec des notes pareilles se profile la désolation des petits salaires à venir, des fins de mois durailles : fin de mois, fin de moi.

« Hélas que n'ai-je étudié
Au temps de ma jeunesse folle... »

Villon toujours. Mais elle n'est même pas folle, la jeunesse, elle est sérieuse et combien triste.

J'ai pensé longtemps ma vie professionnelle sous la forme d'un long couloir balzacien au bout duquel trônait Gaston Joyeux derrière un bureau de palissandre cerné de dactylos opulentes et platinées.

Il a un téléphone dans chaque oreille, il saisit le dossier que je lui tends, continue à parler, sa cravate est à la mode et sa chemise soyeuse, il me congédie d'un signe de tête et je repars en traînant sur mes chaussures achetées trois ans auparavant à l'extérieur du magasin, dans les bacs de soldes, quatre-vingt-dix-neuf francs quatre-vingt-dix, l'affaire du siècle.

Je me demande si la réaction de ma grand-mère n'était pas meilleure pour moi, elle me promettait régulièrement l'échafaud.

Elle avait une belle santé et d'une voix jeune envisageait pour moi une fin sans nuances, guillotine et panier à son.

Il y avait dans cette prévision un côté excessif qui par son excessivité même ne m'atteignait pas.

Et puis il y avait une grandeur là-dedans, un côté exceptionnel qui me haussait au rang des grands malandrins, j'avais six en calcul, deux en dictée, trois en géo et un jour c'était le verre de rhum dans l'aube frisquette, même à huit ans on ne croit guère en ces choses.

Bénie soit-elle de n'avoir envisagé pour moi que le drame excessif, désamorçant la réalité.

Tandis que dans l'œil paternel il y avait le monde possible, certain même puisque mon père le disait.

Je serais un minable.

Oh, rien de grave, pas clochard, pas miséreux, mais quelconque, je serais quelconque alors que Joyeux serait quelqu'un. « Si tu veux devenir quelqu'un... » Incroyable ce qu'être quelqu'un m'a paru difficile. Insurmontable quasiment.

Et ne pouvant être quelqu'un, qu'est-ce que je serais?

Quelque chose?

Sans doute rien du tout. Voilà, c'était ça, je serais un rien du tout. Sueurs froides et glaçantes.

Et puis le pire allait venir plus tard sous la forme d'une autre phrase. Méditée, pensée après une réflexion approfondie dudit carnet de notes. Elle tombait en sentence, indiscutable :

« Tu nous fais beaucoup de peine... »

Et voilà.

Je les aimais bien mes parents, beaucoup même, et sans doute énormément, et voilà qu'avec mes paresses, mon attention fluctuante, mon absence d'application, mon inintérêt pour la règle de trois et le carré de l'hypothénuse, je leur faisais de la peine.

Mais c'était ce que je craignais le plus, leur faire de la peine, et ça arrivait, forcément, chose horrible.

J'étais monstrueux. Non seulement je ne m'amusais pas du tout à cette bon dieu d'école, non seulement je n'y chahutais pas, non seulement j'y rentrais à reculons, non seulement j'y tremblais dans ma culotte mais en plus voilà que j'y trouvais le moyen d'y faire de la peine à mes parents!

C'était vraiment la machine infernale aux répercussions tentaculaires et inépuisables.

Elle débordait des murs, envahissait l'univers, décidait du futur, des gens autour...

On croyait que c'était fini à la sonnerie, qu'à quatre heures et demie en sprintant en dératé à travers la cour on allait la quitter, couper les fils, ouf, terminé.

Pas du tout, elle était là toujours, on l'emportait avec soi d'ailleurs, dans son cartable, avec les leçons pour demain, les devoirs pour la semaine prochaine, les carnets à faire signer, elle resurgissait sur la toile cirée de la cuisine, et surtout, surtout avec les parents. « Parents d'élèves », je me suis toujours demandé pourquoi on parlait de parents d'élèves puisque tous les parents seront un jour parents d'élèves, c'est obligatoire depuis Jules Ferry.

Vous me direz qu'il y a ceux qui ont des nourrissons, ceux dont les enfants sont grands, enfin ils le sont tous un jour ou l'autre, moi, comme les autres. J'ai questionné un peu autour de moi au sujet des moments de la signature du livret.

C. me dit qu'à cet instant il les voyait différemment ses parents, ce n'était plus le même visage, ils étaient lointains tout à coup, juges, appréciateurs, sérieux, investis de mission. Il m'explique que même d'ailleurs si le carnet était bon, il y avait un moment d'éloignement à passer.

Les choses sont plus graves dans les milieux pas très fortunés.

« Si tu travailles bien, tu auras de l'argent, pas comme nous qui tirons la ficelle, tu seras à l'aise. »

C'est la grande chance de l'école. De bonnes notes et finis les temps difficiles.

Il m'est venu quelquefois à l'idée de leur demander s'ils avaient si mal travaillé que ça pour arriver si peu à joindre les deux bouts.

Tout cela nage dans la bonne volonté, dans la tendresse au fond, ils voudraient, tous les parents, que les lauriers ceignent le front de leur progéniture, ils font tout pour cela, toutes les armes sont bonnes pour la cause : de la rouste carabinée à la sévérité pincée, de la récompense monétaire à la sanction privative. Toute la gamme, suivant les tempéraments, les croyances, les catégories sociales, de la tarte à la volée qui vous sonne la tronche pour un quart d'heure jusqu'à la promesse du billet de cent balles si ça s'améliore le mois prochain. Pas de dessert, plus de télé, pas de sortie, plus de tennis, pas de vacances...

C'est pas les punitions qui manquent.

Ni les récompenses, bien sûr.

Les parents, donc, au milieu de l'école, partie prenante, élément essentiel de l'Education nationale, contaminés par l'institution. Ils le demandent d'ailleurs : les profs, les délégués, les parents, les syndicats, le ministre, les conseillers d'éducation, les surveillants, la femme de ménage, tous unis, soudés, travaillons ensemble, coopérons, échangeons, malaxons, tous pour un, un pour tous, pour l'éduquer, ce petit con qui renâcle, qui renifle, qui n'en veut pas... Tous ligués.

Ça, je l'ai senti très vite qu'ils étaient tous contre moi pour mon bien.

En particulier lorsque les deux univers se percutaient. Depuis quelque temps, la littérature fait beaucoup dans la science-fiction : on y voit des planètes lointaines foncer l'une vers l'autre, le voyage infernal des galaxies et tout d'un coup ça se percute, explosion monstrueuse, big bang et apocalypse.

Eh bien tout cela est frais gazouillis et roupie de sansonnet à côté du souvenir qui me reste, dans un bureau verdâtre et encombré, de la planète Directeur d'école rencontrant l'étoile Mère.

Voici que les mondes fusionnaient soudain. Il y avait d'une part la terre primale, terre d'accueil s'il en fut qui était ma maman. Terre de liberté, aussi.

Sur ce sol béni, je pouvais cavalcader, hurler, me rouler, gambader, proférer inepties et onomatopées. C'était une terre de joie, sans grandes limites.

Parfois le ciel serein s'y couvrait de quelques gronderies mais les précipitations y étaient sans gravité.

Or, l'enfant, grand navigateur, en va-et-vient ininterrompus quitte chaque matin cette tendre patrie pour retrouver Ecola Severa, terre inverse de la première, infiniment plus peuplée et qui ne connaît que les lents silences des dictées d'après-midi ou les explosions sonores des lâchers de récréation.

Adieu gambades, gazouillis et inepties, la galaxie Ecole, grise corsetée, peuplée de règlements intérieurs où règne l'atmosphère poudreuse et blanchâtre que laissent derrière eux les chiffons de craie, est l'inverse de la terre materne.

C'est un monde sans bisous, sans rires, sans chansons. Alors l'enfant voyageur commence ses aller-retour entre les deux galaxies lointaines placées aux deux pôles de sa vie.

Et voici que soudain, pour moi, en ce jour de mai 1940 et quelque, j'ai vu avec stupéfaction les années-lumière s'effacer et les deux mondes fusionner : sur le fauteuil du bureau directorial, ma mère se tenait crispée devant l'impitoyable et longiligne Monsieur Dubuisset, bref les lois du cosmos disparaissaient, j'ai eu ma guerre des étoiles quarante ans avant Spielberg.

Voici un moment terrible, celui où la terre du refuge pactise avec l'agresseur, désormais, mon fils, tu sais que tu seras seul, dans ton école, dans ton cercueil.

Et ce pacte qui me laissait solitaire et livré était un pacte inégal : la famille était venue à l'école comme le général d'une armée vaincue.

Je vois ma mère en cet instant, mal à l'aise, avec, bien que ce fût un jour de semaine, sa robe du dimanche, se tenant raide, opinant, convaincue d'avance.

Une sorte de complice devant un tribunal.

Elle devait se sentir un peu responsable, si elle me surveillait mieux je serais peut-être moins nullard, et puis elle devait se dire que si j'étais aussi con que le prétendait Dubuisset, grand expert en la matière, il fallait bien que je la tienne de quelqu'un, ma connerie, et de qui je pouvais la tenir, à part d'elle?

Un peu de mon père, peut-être, mais en partageant les responsabilités, il lui en restait la moitié à assumer, alors elle était prête à faire les pieds au mur pour Dubuisset parce que c'était un peu sa faute à elle si je n'apprenais pas le Puy-de-Sancy et Pépin le Bref.

Ça m'avait fait un choc de la voir là, ils me regardaient tous les deux avec un air préoccupé, ils se demandaient comment s'y prendre pour m'ouvrir un peu le crâne et moi je savais que c'était fini, maintenant, qu'il suffisait d'un claquement de doigt pour que ceux qui me protégeaient accourent à l'ennemi, battus d'avance, gênés, déposant les armes, quelles armes, d'ailleurs, les pauvres, ils n'en n'avaient pas.

La peur venait aussi de cette toute-puissance de l'institution.

Je n'étais pas que dans une classe avec de l'encre, des cahiers, des livres et des cartes de géo, il y avait tout autour des bureaux, des classeurs, des téléphones, c'était lourd, tout ça, invincible, tout-puissant...

Des économes, des cantinières, des secrétaires.

Évidemment il y a des manières différentes de pactiser... J'ai eu du pot.

Ma mère n'avait pas dû entretenir avec son école des rapports bien meilleurs que ceux que j'entretenais avec la mienne et elle n'avait pas basculé totalement du côté du tyran.

Elle collaborait en rechignant mais combien de mes copains quittaient une terreur pour entrer dans une autre!

« Fais tes devoirs. »

« Tu sais ta leçon? »

« Tu joueras quand tu la sauras. » Etc. Etc.

Terrain familial empoisonné reposant essentiellement sur le principe sacro-saint de la double punition.

« Tu es collé dimanche? Privé de cinéma samedi. »

Et toc.

« Ta moyenne a baissé? Pas de sorties pendant huit jours. »

Le prévenu sort du tribunal et se présente au gardien-chef qui inspecte le verdict :

« Vous avez eu cinq ans? Vous en ferez dix. » Vous en ferez dix parce que ça vous apprendra à en avoir cinq. Justice absolue.

Un enfant puni est dans la plupart des cas doublement puni. Il y a de quoi craindre la punition.

Rappelez-vous vous-même ou votre voisin :

« Et en plus qu'est-ce que je vais prendre à la maison! »

J'avais un copain qui m'a fait longtemps rêver, lorsqu'il chopait la retenue, la note lamentable, la remarque assassine sur le bulletin, il haussait les épaules et disait :

« Moi, mon père, y s'en fout. »

J'ai pensé souvent à ce père magnifique que j'ai imaginé longtemps lointain, vaguement poète, détaché, indulgent et trop occupé pour se préoccuper des choses scolaires, parce qu'en fait on a tendance à ne faire guère attention aux enfants : ils sont petits, remuants, bruyants, chiants :

« Ote-toi de là », « Ote-toi du milieu », « Ote-toi de mes pattes », bref, l'enfant passe une bonne partie de sa vie à s'ôter.

Pour retenir l'attention sur lui, pour que les regards se tournent, pour qu'il passe du statut d'encombrement permanent à celui d'être humain, il suffit au fond qu'il tienne à la main son carnet de notes.

« Ote-toi du milieu » devient alors : « Viens un peu par ici, toi, que nous examinions cela. »

Personnellement, j'ai toujours préféré m'ôter du milieu.

Le petit d'homme apprend très vite pour survivre à ne pas attirer l'attention.

Cela fait à présent des décennies et on en fêtera sans doute le centenaire très bientôt que les écoliers imitent, ou tentent d'imiter la signature du chef de famille.

La fraude scolaire est aussi une institution.

Je l'ai fait, j'arrivais à atteindre en cette

matière une perfection absolue, à tel point que la vraie signature paternelle me paraissait pâle et fadasse à côté de ma fidélissime imitation.

Ce n'est pas un phénomène parmi tant d'autres, ce geste, ce truquage, ce mensonge est la tentation désespérée d'un môme pour se substituer à son propre père, ce qui a sans doute des implications métaphysico-psychanalytiques mais également l'immense avantage de lui éviter le coup de pied au cul et surtout, surtout, plus que le choc lui-même, les immenses terreurs qui le précèdent.

Car c'est vrai que nous n'avons pas parlé de coups.

C'est évidemment l'un des éléments punitifs parentaux. Ne disposant pas de données statistiques, sans doute bien difficiles à recueillir en cette matière, je n'en parlerai pas, ignorant son importance actuelle, simplement une chose m'a toujours paru infiniment détestable en ce qui concerne cette question, c'est la justification morale du coup par sa rapidité.

J'ai souvent entendu ça dans les bouches masculines :

« Vite fait, bien fait, paf, une bonne gifle et après on n'en parle plus. »

Cela se double de l'idée que le puni préfère cela à toutes autres sanctions qui entraînent lenteurs, complications, doigté, bref réflexion.

Tandis que là, paf, dans la gueule et c'est réglé.

« Et puis comme ça après on n'en parle plus et Mimile il préfère ça, hein Mimile tu préfères ça ? »

Mimile : « Oh oui, papa j'préfère ça.

– Vous voyez, qu'est-ce que je vous disais, il préfère ça. »

Tout cela repose sur l'idée que parce qu'un coup va vite, ses conséquences ne peuvent en aucune façon être longues. La fraction de seconde qui marque le temps qu'une main arrive à toucher une joue ôte toute importance, toute gravité au geste lui-même.

Ce qui est vite fait ne peut qu'être anodin.

Les braves gens qui, en toute honnêteté d'ailleurs, défendent les vertus du coup de pied au cul m'ont toujours paru être de dangereux crétins.

Je dis bien défendre, car il est évidemment très difficile de ne pas en recevoir, comme de ne pas en donner...

La constitution physique de l'individu étant telle qu'au bout d'un certain niveau d'agacement, l'homme est un football pour l'homme.

J'ai connu un instituteur vanné, excédé, pour qui en fin de journée tous les culs des enfants étaient des ballons.

Je le revois shootant dans tous les sens, marquant des buts, Platini dérisoire, pantin-buteur...

Deuxième tranche du gâteau : les élèves, les congénères, les petits camarades.

Une règle essentielle de communication veut que les égaux soient rassurants.

Phrase choc :

« Et puis, à l'école tu te feras des petits camarades... »

Exacte sans doute, mais ne pas oublier que l'on s'y fait aussi de grands ennemis.

Par expérience personnelle, j'ai toujours

constaté que des gens embarqués dans une même galère ne ressentent pas une solidarité évidente les uns avec les autres, que les rapports de force s'installent, sans compter les antipathies instinctives, les concurrences et les compétitions.

Avec bien entendu les phénomènes de leaders, de têtes de Turc, de cafteurs, de chouchoux, de lécheurs, de cancres invétérés, de grandes gueules, de forts en thème, de fiers-à-bras, bref toute la société impitoyable d'où la peur, non créatrice de fraternité, s'amplifie par les différentes manières dont elle est vécue.

Et d'abord la première classe, c'est le passage à la communauté.

On était seul peinard, ou avec le petit frère et les grandes sœurs, bref un cadre connu, prévisible et habituel et voilà le plongeon au milieu des autres, vingt-cinq, trente-cinq inconnus et qu'on n'a évidemment pas choisi de fréquenter.

Ici le hasard règne en maître.

Il m'a en cette matière impitoyablement poursuivi.

Je me suis coltiné du préparatoire au

cours moyen deuxième année un dénommé T. qui de la première seconde à la dernière m'a considéré comme un punching-ball, une serpillière, un paillasson, une pelote à épingles, bref, un souffre-douleur.

Je rêvais de grandir, de prendre des biceps, des pectoraux et de lui mettre un jour la branlée idéale, mais T. grandissait plus vite que moi, à chaque rentrée il doublait de volume.

J'ai même acheté un manuel de jiu-jitsu. On n'en parle plus guère aujourd'hui du jiu-jitsu, karaté, judo, boxe-thaï, kaï-kido, les modes changent.

Moi, je rêvais au jiu-jitsu parce qu'on disait que c'était l'arme des faibles : plus l'autre était fort, plus il était vaincu, il fallait retourner sa force contre lui, il vous fonçait dessus, et hop, on y allait d'un déhanchement élégant et il s'envolait, gracieux et se fendait le crâne sur le ciment de la cour.

Douce musique que celle de T. s'effondrant en pastèque.

Je peux dire aujourd'hui que cela est de la blague absolue, plus un type est fort et plus il vous cassera la gueule. A douze ans, j'ai perdu tout espoir dans les arts martiaux.

L'école c'était donc L. et ses dictées, mais aussi T. et ses tortures, sa bande de soudards impitoyables, car il était chef de bande, T. Si on lui échappait à lui, les autres vous faisaient prisonnier et c'était pire : billes volées, osselets dérobés, équerre cassée, plumier dispersé...

« Tu te feras des petits camarades. »

Moi, je me suis fait T. pendant cinq ans, T. qui gonflait à vue d'œil, bosselé de muscles, dix centimètres de plus à chaque retour de vacances, je me demande où il en est ce type avec sa croissance d'enfer, un jour sa tête va apparaître par-dessus les toits du quartier, il viendra me chercher pour une ultime rouste.

Trente mètres de haut, deux tonnes, je n'ai pas fini d'en baver.

C'est vrai que pour certains, les autres ne sont pas un cadeau. Ils ne l'étaient pas, en tout cas, pour moi.

J'avais lu un livre avec des châteaux, des parcs et un jeune garçon qui avait son précepteur pour lui tout seul, ça roulait dans l'huile, les portes s'ouvraient sur des allées de grands arbres et le môme qui écrivait tranquille, avec les gazouillis des pinsons qui entraient par les fenêtres, ça aussi, c'était mon rêve.

Pas à craindre de recevoir une pointe de compas en pleine fesse, une boulette dans l'œil, un coup d'élastique dans le mollet.

C'est terrible quand même que l'on ne fasse rien pour les souffre-douleur!

On doit les considérer comme des mous, des faibles, des ridicules, ils agacent un peu :

« Tu ne peux pas te défendre, non? »

Eh non, justement, il ne peut pas se défendre, ce n'est pas de sa faute tout de même.

Il y a eu pire que moi, d'ailleurs, une année j'ai eu une institutrice qui avait son fils dans la classe.

Il a souffert, celui-là, elle n'osait même pas lui mettre une bonne note quand il la méritait, on aurait tous crié au favoritisme, au coup monté :

« Bien sûr qu'il a des dix, c'est sa mère qui le note... »

Et puis des élèves, c'est tous des concurrents, et impitoyables.

On était classés, nous, à l'époque, ça voulait dire qu'il fallait qu'on se passe l'un devant l'autre... On formait pyramide, il fallait se monter les uns sur les autres, s'écrabouiller.

A la récré, pareil, loi du meilleur, loi du plus fort.

Il y avait des années de grands déchirements : il fallait avoir la bonne note pour répondre à la demande du maître mais il ne fallait pas trop exagérer dans ce sens-là parce que l'on devenait fayot, lécheur... Les vrais hommes n'hésitaient pas à ne pas savoir leur leçon. Je m'en souviens bien des interros orales : Klotz, au bureau!

Fini l'anonymat des assis, me voici debout, soudain, sous les projecteurs, sur l'estrade, me dandinant, faisant exprès de ne pas savoir trop bien mais de savoir quand même pour plaire à tout le monde.

Éviter à la fois la retenue de l'un et l'ironie des autres. Sale moment à passer...

Et puis tant de laideur autour, et de dangers.

J'en rigole encore quand je vois les publicités pour éviter aux lardons de se faire écraser, bien regarder à droite, à gauche, passer dans les clous, attendre le feu rouge, lever le pouce, très bien, très bien tout cela, nécessaire certainement, mais vous avez vu où ils jouent les gosses?

Une cour de récré, bitumée, extra-dure, avec des caïds lancés à toute vapeur qui vous éclatent sur l'asphalte, des ramponneaux terribles qui vous expédient contre les troncs d'arbres, dans la caillasse...

Une enfance se passe avec les genoux en sang, avec des bleus partout.

Mes plus grands accidents furent scolaires, je rentrais à la maison avec des pansements terribles, le plus souvent c'était la tête qui prenait.

Je revenais en fakir, j'ai collectionné les agrafes, les points de suture, enduit de teinture d'iode, de mercurochrome...

Demandez aux infirmières si j'exagère, elles n'arrêtent pas de recoudre, de retaper, de bricoler, elles terminent éreintées, il y a même, tant tout cela est meurtrier, des interdictions de courir pendant les récrés.

« On joue sans courir! »

« On ne court pas! »

Sifflets stridents qui vous bloquent les rotules, qui vous figent les mollets tout net.

Au piquet : A couru pendant la récréation...

Re-sifflet. Finie la récréation.

« En rang. Par deux. Bien alignés. On se tait. On ne parle plus. On entre en classe. Bras croisés. On sort son cahier, dans le calme. »

Et voilà, c'est reparti pour un tour.

On n'en sortira jamais.

Le plus fort de tout c'est que j'y suis resté, sans doute une incapacité absolue à penser que je pouvais passer ma vie autre part que dans les lieux où elle avait commencé.

Et là on comprend, de l'autre côté du bureau, la raison de tous ces ordres, toujours la survie, s'ils rentrent en pagaille, en hurlant, c'est pas possible, la tête gonfle, les tympans éclatent, on ne tient pas quinze jours, pas dix, pas cinq...

On sombre dans les folies douces ou furieuses, les déprimes, on fonce dans les arrêts maladies.

Et puis malgré les haines, les colères et les

terreurs, peut-être est-ce que le maître, quel qu'il soit, est un modèle pour l'enfant.

Il est celui qui sait, celui qui commande, il a le savoir et le pouvoir, il est grand, sûr de lui, il a un métier sûr, régulier, et puis il a dû bien travailler à l'école lui, pour être là où il est.

Qu'il le veuille ou non l'instit est un idéal pour classe.

Papa et Maman en parlent à la maison : c'est un bon métier, beau en plus et noble : transmission de la culture, message, etc. etc.

Et puis il y a les vacances. Deux mois d'été, Pâques et la Noël, il ne gagne pas beaucoup mais ça tombe tous les mois.

Beaucoup d'enfants rêvent d'être maître.

Les petits jouent à l'école :

« Je serais la maîtresse.

– Non, c'est moi! »

J'ai dû succomber à ce charme. Même Zazie, si délurée, a cédé en fin de compte : pour faire chier les mômes.

Une vision bien nette et définitive de l'avenir.

Et puis vivre au milieu des enfants, c'est éviter d'exister parmi les adultes.

C'est un métier qui permet de refuser de se retrouver avec ses semblables, c'est une fuite agréable, un statut à part.

Cela a joué pour moi, à moitié inconsciemment...

Et voilà comment on se retrouve prof, un beau jour, plus exactement un triste matin.

Enfant, la rentrée me salopait la vie huit jours à l'avance. Prof, elle me la salope quinze jours avant. La sagesse et l'expérience ne sont pas toujours un avantage.

Mais cela s'explique peut-être : élève, on s'inquiète d'un prof. Prof, on s'inquiète de trente élèves.

« T'as B. cette année? Tu vas en chier dur, je l'ai eu l'année dernière. »

Les angoisses montent. Je me souviens de la première heure où ils rentraient, le premier contact, quand on se jauge, à Bezons on jouait la fausse aisance, ceux que rien n'impressionne, eux les mains dans le ceinturon à mâchonner, les semelles des rangers sous la table, moi olympien, calme, détendu, donnant des indications articulées et paisibles avec le palpitant à cent trente.

Que de mensonges et que de trouilles...

Pourquoi est-ce ainsi?

J'ai longtemps pensé être un gros sensible.

Je ne le crois plus.

Trop de gens m'ont dit avoir vécu les mêmes transes, du préparatoire à la terminale.

Bien sûr il y a eu les bons moments, les profs sympas, les copains, les récrés, les bonnes notes, ce serait tout de même malheureux qu'en douze ans de scolarité il n'y ait pas eu un peu de bonheur, mais dans l'ensemble avouons-le, on n'a jamais été bien flambant.

Je me souviens de suées quand L. passait dans les rangées, s'arrêtait derrière moi, louchait sur mon cahier.

Trente tonnes de plomb sur chaque épaule, ça me coulait jusque dans le creux des reins. Je me demande comment les sphincters ne craquaient pas, comment je ne me suis pas pissé dessus toute la scolarité, rien que de l'écrire ça me donne encore des suées, j'en ai le stylo qui me glisse, qui dérape... Mais bon dieu ce n'était pas un drame de ne pas mettre l'accent circonflexe, c'était pas Sophocle plus Euripide de mettre deux L au lieu d'un, un T au lieu de deux, d'oublier la retenue, de se tromper de virgule, de ne pas savoir le mont Gerbier-de-Jonc. Pourquoi ai-je vécu ça comme les cent mille tragédies? Comme si ma mort était au bout? Pourquoi ai-je cru que d'avoir trois sur dix, c'était l'apocalypse? Pourquoi est-ce que personne ne m'a jamais dit que c'était pas si grave que ça? Qu'on pouvait se gourer dans la règle de trois sans avoir la vie gâchée pour des siècles?

Mon expérience de prof m'a donné en partie la réponse :

Si vous ne dites pas que ce que vous apprenez est capital, vous perdez le sens même de votre existence.

J'ai joué ce jeu :

« Écoutez bien, c'est important », « retenez bien ceci... », « portez toute votre attention à... », « vous n'arriverez à rien si... »

L'enseignement est voué à la valorisation incessante et intempestive de la chose enseignée.

Le type qui arriverait en classe et qui dirait :

« Écoutez les petits gars, ce que je dois vous

apprendre, Louis XIV, le plissement hercynien, l'Édit de Nantes, le carré de l'hypothénuse, le sillon rhodanien et les subordonnées conjonctives, ça ne vous servira pas une fois dans la vie et vous n'en avez rien à cirer... »

Eh bien ce type-là aurait raison et creuserait sa propre tombe.

Après 68, c'était un peu le style, j'ai dû donner aussi là-dedans, en fait on ne supprime pas les terreurs, on les remplace par d'autres : l'élève pense que si on lui apprend des conneries rébarbatives et inutiles, où en est la raison?

Qu'est-ce alors qui est nécessaire et pourquoi ne l'apprend-on pas?

Et voilà le môme plongé dans un monde mal foutu, reconnu comme tel par ceux qui sont chargés de vous l'apprendre, avec rien pour se cramponner.

Au fond l'enseignement a besoin de se considérer comme vital et pour cela un besoin absolu de respect, de silence, d'attention, de sérieux, d'application, de bonne volonté.

Rappelez-vous vos bulletins, les notations sous les notes :

« Élève intelligent mais doit redoubler d'application »,

« Ne manifeste pas assez de sérieux dans son travail »,

« Attention à la discipline. »

Inversement, le défaut essentiel, la tare rédhibitoire de l'élève, c'est l'ironie, le sourire qui n'est pas dupe, l'œil qui frise, ce qui porte un nom, le péché capital, la faute majuscule, le sceau de l'irrécupérable : l'Insolence.

Ça aussi je l'ai vécu, non en tant qu'élève, j'étais bien trop pétochard pour être insolent, comme j'aurais voulu l'être.

L'Insolence est Révolte, le plus souvent sur le mode mineur.

J'en ai eu un une année, un mouliste, gentil comme tout, bon élève en plus, jamais un cahier oublié ni une rédac en retard mais, mais, mais il avait le vice insupportable d'avoir l'œil qui se moque. C'était une lueur, imperceptible, intermittente mais évidente, de temps en temps ça s'allumait, en fond de prunelle, un quart de millimètre, un centième de tête d'épingle, un éclair infime, insaisissable... A chaque fois j'avais envie de le tuer, de l'écrabouiller sous des heures de colle : Un sourire? Trois heures. Un demi-sourire? Six heures. Un quart de sourire? Trois jours. Rit avec les yeux? Un mois. Avec un seul œil? Deux ans. Ferme les yeux? Dix ans. Remue une oreille? Perpétuité!

Arme terrible de l'ironie, c'est l'arme de l'élève, qui désarme, il peut vous réciter Victor Hugo et Lamartine en prime sans écorcher un vers et son œil vous dit qu'il s'en contrefout et qu'est-ce que vous voulez faire?

Arme imparable... Arme de l'élève mais oh combien utilisée par le prof, je sais qu'ils me craignaient pour cela, je raconterai plus tard sinon tout sera dit en vrac et déjà que c'est la pagaille...

École, lycée, collège, voici donc, à l'âge où l'on rigole le plus parce que c'est tout de même celui où on est le plus sympathiquement con, les lieux de grand sérieux. Vous qui entrez ici, laissez là toute espérance de vous fendre la pipe.

Le travail du maître sera de refouler votre rire qui, s'il est le propre de l'homme, n'est pas celui de l'Éducation nationale.

Et je me demande à présent si cette intense trouille, si ces angoisses nues, si ces craintes diffuses ou abjectes ne viennent pas d'abord du fait que nous vivons ces heures dans l'univers de l'absence de rire. Obscurément l'enseignant ne doit pas être un pourvoyeur de joie car il récolterait les fruits. Si le directeur pousse la porte et qu'il aperçoive des visages hilares, vous imaginez la tronche.

« On s'amuse bien chez vous, monsieur X ! »

Vous entendez ce que signifie le ton : « C'est très bien de s'amuser mais on n'est pas là pour ça, faudrait songer à bosser un peu. »

Et puis pour la rigolade tout est prévu : il y a la récré dans la cour, si propice aux dilatations de rate, avec préaux, pissotières, coup de sifflet, pendule qui tourne, leçons à réviser.

Bref, la détente absolue.

Ce qui m'a frappé dans toutes les classes où j'ai officié, c'est le côté couvercle de marmite que j'ai dû jouer parfois, mais aussi à certains moments la tristesse m'a surpris. A ce propos je voudrais citer un passage d'un de mes livres. Si je ne le fais pas, qui le fera ? C'est dans *Les mers Adragantes*, j'y parlais de l'école déjà, j'étais en plein dedans à l'époque, j'y ai raconté quelques moments fortement scolaires. J'en reparlerai plus loin.

Je n'ai rien inventé, j'ai laissé les mitrailleuses au vestiaire, c'était le temps où j'écrivais des polars et j'avais raconté ça, Dieu sait pourquoi, ça m'était vraiment arrivé avec une classe, en 67 exactement. Je le recopie, ça me paraît coller assez bien avec ce qui précède, ça fait un peu document, c'est toujours bien vu, ça rajoute au sérieux.

Ça commence dans une de ces classes grises où dans les fins novembre on attend avec trente élèves que sonnent les quatre heures et demie.

Il faut dire que ce collège, en bord de fleuve, donne sur un terrain qui donne sur des usines et les gars qui somnolent sur les tables qui font semblant de m'écouter préparent le CAP.

Ici, ils apprennent ce qu'ils feront le restant de toutes leurs heures dans les ateliers, fonderie, ajustage.

A quatorze ans, petits mecs en bleu, ils tournicotent autour des machines et quelques heures la semaine, se lavent les mains et viennent me voir pour apprendre le beau français.

Je leur fais de l'orthographe et pour les inquiéter un peu je leur parle de l'examen et du mal qu'ils auront plus tard pour faire des lettres, des rapports, et que l'employeur se moquera d'eux.

On fait aussi un peu de littérature et ils m'écoutent déconner sur les Martiens : Hugo, Verlaine, Apollinaire.

La première année, ils travaillent parce qu'ils ont encore un peu peur mais la deuxième et la troisième, bien que peu rusés, ils ont quand même compris que CAP ou pas ce sera l'usine et qu'à part pour la nénette du coin ou la tantine de Vierzon au jour de l'an ils n'auront pas à prendre beaucoup le stylo.

Alors s'ils n'aiment pas leur prof, ils sortent les brèmes et les Buck John, s'ils le blairent un peu mieux, pour lui faire plaisir ils écoutent, ils font les devoirs, par gentillesse, pour que je ne me casse pas pour rien.

Mais il y a des heures, fin de semaine, fin de soirée, lorsque ça commence à grisailler derrière les vitres, lorsqu'on voit que le jour n'en peut plus, alors on sent la fatigue qui retombe.

La rangée près des fenêtres regarde pardessus les toits, ils ont la même clarté sur leur moitié de visage, je sens qu'aucun ne m'écoute, si je me taisais tout doucement, on resterait là, les uns en face de l'autre à regarder dans la lumière qui tombe... Il faut se secouer pour appuyer sur un bouton et quand j'éclaire on papillote un peu.

Encore trois quarts d'heure.

Il y a deux ans, cette heure-là elle ne passait jamais, ce n'était pas la mauvaise classe, mais alors c'était d'un sombre dans leurs têtes! Des tourneurs, je me rappelle, une classe triste.

Ça arrive, il y a des classes calmes, dures, nombreuses et des tristes.

On aurait dit que tous on les avait choisis et mis ensemble, ceux qui n'auraient pas voulu être là, qui s'ennuyaient, ceux qui ressentaient davantage le soir tombant, ceux qui ne se faisaient pas aux murs, ceux qui devaient pleurer en douce, les internes sans courrier, les amours déçus du dimanche d'avant. Ils avaient une façon de ressentir le poids de la nuit qui venait, ils semblaient appréhender depuis toujours ce ciel qui moisissait, tournait au plomb, à la crasse, ça leur coupait le badinage, je revois encore leurs mines désolées.

Il faut dire que l'usine avant, l'usine après, c'était pas la folle existence, mais ce désespoir, c'était si palpable qu'on avait envie de partir, de rengainer tous les sourires.

Ils étaient là et c'était une défaite qui s'installait et qui posait ses coudes.

Ça me faisait une boule de les voir, la gueule déjà vieille et les pattes musclées, les épaules faites pour porter le bleu et cette gentillesse...

Je me disais qu'avec les beaux jours, au printemps, ça finirait, qu'il y a bien des lettres qui arrivent, qu'on s'habitue à force, qu'il y aurait bien aussi au Lutétia ou au Palace une pépée de l'entracte qui leur ferait pousser le sourire, mais passer tout l'hiver, si long par ici, avec eux de cette façon, cela ne me semblait pas possible, on finirait dans le suicide collectif, moi aussi les ambiances ça me perturbe...

Ils étaient connus d'ailleurs, c'était partout pareil, ils traînaient leur marasme, une purée sans équivoque du réfectoire au terrain de sport, c'était plus fort qu'eux, une sorte de catastrophe suspendue, il y avait quelques norafs, de ceux qui vivent dans le gondolé et la bouillasse et tous gentils, c'est ça le pire, pas hargneux, pas teigneux, non, écrasés.

Or donc je les enseignais quelques heures dans la semaine et l'une d'entre elles se trouvait être la dernière non seulement la dernière de la journée, mais aussi à jamais la dernière de l'univers, il ne semblait pas que le temps ait assez de force pour pousser, faire pousser un nouveau jour, tout ce remuement de planètes, d'étoiles mortes, vivantes, recommencer dans le harassement, non, fini, jamais plus le jour ne pointera, à jamais me voici dans la clarté dépérissante, condamné à ne plus voir le soleil reparaître dans leurs yeux vides et déjà indiscernables.

Ils étaient arrivés à me faire douter de la possibilité du recommencement éternel.

Toute leur lassitude me semblait assez forte pour arrêter les courroies, les mécanismes qui déclenchent un tour de plus et que la terre allait stagner comme un geste qui s'épuise, une main qui retombe dans l'obscurité venue.

Il me fallait de grands coups au bistrot pour me remettre, tout le soleil des Baléares avec orangeades sous parasol et rires de fessues bronzées ne suffisaient pas à me décoller de leur abattement. Ils m'ensablaient, me mélancolisaient, c'était pas atroce, c'était trois cents ans de tristesse qui vous coulaient sur le râble, toutes les larmes de l'aurore des révolutions industrielles jusqu'aux ordinateurs, qui s'étalaient en plaque et que je te patauge, et que je te patauge...

C'était plus fort que moi, peu à peu ma voix s'aggravait, se ralentissait, c'est jamais bien baisant les règles de grammaire mais le subjonctif donnait dans le funèbre; quand S. récitait en particulier, c'était pire que les vêpres, que la prière aux agonisants, c'était la voix des cent mille peines, le glas.

J'avais décidé de leur faire un peu de lecture en fin d'heure, une petite nouvelle assez joyeuse, ça ne manque pas dans la littérature : Maupassant, Renard, Allais.

Ça changeait toujours un peu le paysage, je suis tout content de mon idée. Arrive un mercredi.

Ça se passait le mercredi.

Je me dis alors là dis donc, ça va les souffler, les esclaffer, on va tout de même secouer toute cette torpeur, la merde dehors mais dans les cerveaux, pardon : spots et grands éclats, on va crever la nuit de l'émail de nos dents blanches.

J'avais choisi l'histoire de la bûche.

Le paysan qui dit qu'il est fort, qu'il va casser la bûche et « crac... il se cassa la jambe ».

Oh évidemment, c'est pas Buster Keaton, mais tout de même, c'est bien raconté, ça frappe, les gens se marrent tout de même à l'ordinaire.

Pas eux.

C'est tombé comme dans un trou. Sans écho.

« Crac... il se cassa la jambe. »

Rien. Silence.

La nuit qui vient et les types qui me regardent, ils sont une masse indistincte, fermée.

J'ai fermé le livre et ils sont restés là, un peu tendus parce qu'ils se rendaient compte que quelque chose avait loupé et que j'allais peut-être faire vilain, les gronder.

Pauvres... Il eût fallu que j'en aie la force, d'ailleurs ça a sonné presque tout de suite, ils sont partis, avec cette allure fourbue qui ne se chope qu'en arquant dans les rangées des machines-outils, les coudes un peu effacés pour éviter le dos des copains et l'œil à terre pour repérer les plaques de cambouis.

Déconfiture cent pour cent, j'étais resté dans le bourbier.

A la fin du trimestre, au conseil des profs, lorsque ce fut leur classe, les chers professeurs se sont un peu tortillés sur leur chaise et sont tous tombés d'accord, en psychologues expérimentés et pédagogues avertis :

« Ils sont pas mauvais, mais ils sont tristes. »

En janvier, ce fut l'apothéose, il faisait totalement nuit dehors à présent et tous les mercredis, dès qu'ils étaient rentrés, ça ne loupait pas, il pleuvait.

Pas à seaux, ce qui eût constitué une distraction, mais minutieusement, comme si c'était parti pour trois millénaires.

A présent c'était complet, on avait le fond sonore ad hoc, un clapotis infini qui avait goût de larme, il pleurait partout, dehors et en eux-mêmes.

Le mois se passe, il est long celui-là, juste un peu écorné en haut par les vacances, mais faut se faire toute la page du calendrier jusqu'en bas, c'est long à mourir, l'increvable janvier.

Je cherchais toujours et je me dis on va faire un peu de théâtre, les faire participer, jouer de petits rôles rigolos, même si Scapin n'est pas drôle, de voir un copain faire le Scapin, ça peut le devenir.

On essaie donc, et je me ramène avec une pile d'*Avare*, petits classiques Larousse.

On prend la scène Harpagon-La Flèche, je choisis les deux moins funèbres de la bande et je les fais jouer, je leur indique des jeux de scène, que ça remue un peu, que ça danse et en avant.

J'avais visé un peu haut.

D'abord ils ne savent pas bien lire et ils sont si tendus que je n'obtiens qu'un déplacement latéral et un balancement du bras qui ne tient pas le livre.

Ils s'empêtrent, les autres sont gênés de les voir s'empêtrer, c'est affreux, dehors, la pluie s'installe définitivement.

Je les fais se rasseoir, je parle de Molière, ça sonne, ils sortent, plus voûtés qu'avant...

J'en discutais avec d'autres profs qui les avaient, on essayait de trouver un biais, quelque chose, mais au fond, c'était eux qui étaient dans le vrai, ils avaient un tel plus tard qu'il fallait être un vrai con pour gambader.

Ils habitaient tous plus ou moins le quartier, ils travailleraient dans la région et ils sortiraient jamais du secteur, né, vécu, mouru entre Sartrouville et Argenteuil. Alors, dans un sens, ils avaient la vue bien juste des choses.

Et puis, je prenais mon parti, j'en avais avec eux pour six mois à deux heures par semaine, ça ne pèse pas lourd dans l'existence, ils travaillaient bien, ils ne m'emmerdaient pas, alors, hein, après tout, de quoi se plaindre?

C'était ballot de ma part de vouloir les voir un peu plus gais, ça m'était facile à moi, de l'être...

Vingt heures de turf, ils s'en paieraient soixante, et mes vacances pendant qu'ils marineraient, et la Grèce qu'ils ne verraient jamais, à leur place non plus je ne me fendrais pas bien la pipe.

Après le boulot, je pouvais dribbler sur Paris et me payer une toile, un beau petit kinos sur les Champs, alors qu'eux, le bus et la techno sur la table de cuisine, rue J.-Jaurès à Houilles, avenue Lénine à Nanterre, la Folie...

Et puis tout de même je pouvais pas faire le clown pour leur faire plaisir, c'était pas un but de les voir se marrer, j'allais pas faire des grimaces, je suis pas Laurel et Hardy, ils auraient pu me dire :

Écoutez, apprenez-nous des trucs, mais si on n'est pas fendus, ça nous regarde, c'est pas marqué sur le règlement qu'il faille être de bonne humeur, la bonne tenue, vous l'avez, on est propres et on ne vous casse pas la gueule alors faut pas vous plaindre.

Juste, très juste, mais je m'acharnais, ça me

ravageait, j'avais fini par penser que justement mon rôle, ce n'était plus les participes mais les sourires, je définissais l'éducateur comme le jardinier des risettes, celui qui fait naître les occasions, les éclosions, qui entretient.

Montrez-moi les sourires obtenus dans l'année.

Bon, c'est bien, vous n'avez pas perdu complètement votre temps.

Parce qu'après tout l'orthographe je veux bien, Molière tout ça, d'accord, mais la risette aussi. Peut-être que tout est là, au fond.

« L'école libératrice », quand on est libéré c'est quand on se marre, non?

Enfin en un mot, c'était mon idée fixe.

J'ai essayé encore d'autres petits systèmes. Ça n'allait pas, et février est venu.

C'est un sacré mois celui-là aussi, petit mais alors râblé et coriace, peut-être un des plus inusables, demandez aux générations enseignantes, celui-là, cette année-là en particulier, il était comme les œufs durs, il ne passait pas.

Ce fut en février, mi-février exactement.

Mercredi donc et de plus en plus semblable

aux autres, si j'avais encore le calendrier de l'époque je retrouverais la date.

J'en avais pris mon parti finalement et je les attendais, assis à mon bureau, l'âme déjà un peu nègre, navré d'avoir à soulever ces soixante, non, plus que cinquante-huit minutes si lourdes à vivre...

Interrogation. Leçon. Exercice.

Ils commencent à écrire, pas un mot, quelques raclements.

Il pleut dehors.

Et c'est la panne.

Tout s'éteint.

J'entends les hurlements dans la classe à côté, c'est la vraie joie beuglée, c'est la classe de C., je l'entends qui clame, qui atteint le contre-ut et les voix baissent. Rien de tel ici, on ne se voit que par la clarté des nuages.

Il reste un bon quart d'heure.

Je leur dirais bien de sortir mais le courant peut revenir et le surveillant général peut m'en vouloir tout le restant de sa vie d'avoir dérobé quinze minutes à l'Éducation nationale.

C'est impossible de parler à des gens que l'on ne voit pas.

« On va attendre un peu... »

J'aimerais bien avoir une histoire toute prête, une question, j'inventaire, la bibliothèque marche bien, la coopérative... Je me trifouille le tréfonds : rien à leur dire.

Je tousse un peu. Je dis :

« Vous pouvez parler si vous voulez. »

C'est maladroit, je ne sais que faire, je me tais.

Ils se taisent.

La Pluie.

On s'est habitué, on voit mieux le luisant de la rue, il y a peu de voitures dans ce coin-là.

Quand il fait noir on regarde toujours l'endroit qui est le moins noir. On regarde par la fenêtre. La lumière ne revient pas. La rue et la nuit et le silence, juste le petit crépitement mouillé sur les trottoirs, les trottoirs vides.

Quelquefois on voit se promener par ici les vieux de Nanterre, ils vont au bistrot après le routier, pas à se tromper, il ne vend que du rouge, du pourpre. Ils ont la capote et les gros pantalons, ce sont les damnés. Il y en a un qui est apparu, seul, sur la route. Il ne se pressait pas il portait ses vingt kilos de drap humide, rien que de voir son lardeuss tout imbibé on baissait les yeux de fatigue. Il avançait dans les flaques. C'est lui qui a été le détonateur.

Il faut comprendre, dans tout ce noir cloaque, cet univers privé de loupiotes, et qui ruisselait, avec les usines à perte de vue et le ciel merdouilleux tout crevassé, en cette soirée de belle jeunesse, voilà qu'arrivait le comble du loqueteux, le sublime dans le misérable.

C'était trop comme dose, trop énorme, ça avait comme un goût de fait exprès, d'inventé, de pousse-suicide.

Tous on le regardait ce mec, ahaner sa vie d'un croquenot sur l'autre, comment ça pouvait se faire cette chose, qu'il soit possible qu'un homme marche, un soir, dans un coin déplumé, sous la flotte, avec l'asile au bout...

J'ai senti que ça frissonnait dans la classe et ça a dû partir du fond, il y en a un qui s'est mis à rire, tout doucement, et ça s'est propagé, ça a pris sur le devant et Kadler a monté d'un ton et c'est reparti plus fort, général à présent, des esclaffements, je m'y suis mis aussi, ils devaient me voir mieux que je ne les voyais.

Ça y était enfin, tout avait crevé, j'aurais dû y penser, au bout d'un taux trop grand de mélancolie, ça pète en rire comme lorsqu'on se fait tellement chier qu'on en rigole à la fin, pour ne pas mourir totalement.

Et la lumière est revenue. On s'est vus en précis, illuminés, à se boyauter comme des fous, pliés tant c'était moche, tant c'était énorme de mocheté.

On ne rit bien que lorsqu'on ne sait pas bien pourquoi et eux ne savaient pas bien, bien sûr, alors ils allaient aux larmes. Je les vois bien mes affreux petits futurs tourneurs, ils avaient craqué par un soir d'intense et maximum désespérance et ils se souviendraient de ce moment, j'en étais remué, ça a sonné presque tout de suite après, ils se sont levés gaiement, on avait encore les coins des lèvres remontés.

« Au revoir, m'sieur. »

Je partais aussi et on a fait le couloir ensemble et le petit bout de chemin jusqu'à l'autobus, on ne se serait plus quittés, on était fiers les uns des autres, je savais que cette heure ne pèserait plus, je le savais, je ne me suis pas trompé, je leur faisais des cours exprès, détendus, avec des malices, des astuces, c'était le public royal, ça marchait à tous les coups, parfois on avait ensemble de petits sous-entendus pour rappeler le soir de la panne...

Les jours ont rallongé, puis le printemps, on bossait dur l'examen, sur la fin ils me questionnaient :

« On va être reçus m'sieur?

– Évidemment. »

Ils se renversaient sur les chaises, puisque je le disais, ça allait marcher. On en a parlé de choses! Du cinéma, des femmes, de la vie...

La dernière fois, ils m'ont offert des cigarettes Lucky, trois paquets sur le bureau dans un papier bleu.

Ils ont été reçus, tous.

J'ai revu Kadler en faisant le marché, il vendait des pastèques, on voulait pas le prendre avant le service et ça n'arrivait pas qu'à lui, il en avait revu pas mal de la classe, ils allaient pointer ensemble au chômage, le lundi matin, il se souvenait bien de la grande marrade, il s'est mis à en rire encore sur ses invendus.

« Allez, au revoir, m'sieur... »

Tout ça s'estompe, le collège change, il y a à présent des fleurs sur les pelouses et on a repeint les halls, les classes, c'est une impression bien coriace que celle de croire qu'en mettant du joli bleu ou du parme délicat on chassera du même coup les grisailles d'automne et d'hiver.

Quelle excuse que la peinture!

C'est tout clair, tout brillant, tout crémeux, tu parles. Mais cessons les amertumes, on n'est pas là pour ça. Ce moment de rire a compté pour moi, plus qu'il n'y paraît sans doute à me lire, on est forcé pour raconter de prendre un rythme, même si on cherche le sincère bien franc, la tripe, la tripe écrite n'est pas la tripe vécue et on gaspille toujours, on gâche les effets.

Je n'étais pas ardent syndicaliste et leurs destins ouvriers ne me tenaient pas vraiment à cœur, j'en étais trop loin, je ne les ai pas souvent compris, je n'ai guère cherché et puis ils m'ont emmerdé tant de fois que je les aurais bien laissés crever, mais ce rire-là, ça m'avait fait chanter toute la soirée, cette connivence brutale, cet implicite sous-jacent...

C'était peut-être la première et la seule fois que j'avais communiqué à fond avec eux, sans effort, sans palabre, le reste du temps je les ai loupés et pas qu'un peu, voilà tout.

Ce soir cela m'ennuie de penser que si je fais le bilan de tant d'années de prof je ne me souvienne que d'une heure, une! C'est pas deux, où avec mes petits mecs on avait fait ensemble un petit bout de route, tout au fond de la vallée, empruntant le seul chemin des hommes, celui des gorges déployées.

Mais puisque je me donne la parole à moi, pourquoi je ne leur donnerais pas à eux, j'ai gardé des rédacs, pas beaucoup, elles n'ont pas toutes résisté aux déménagements, mais enfin quelques-unes...

Depuis deux trois ans je leur donnais un sujet de rédac, j'en étais bien fier. Voilà :

« Il y a une explosion atomique. Les hommes sont morts sauf une dizaine qui ont vécu des années en sous-sol. La vie s'est organisée, des enfants sont nés. Un jour, il n'y a plus de radiations, ils sortent. Pour la première fois un groupe d'enfants contemple le splendide spectacle de la terre; qu'est-ce qu'ils disent, qu'est-ce qu'ils pensent? »

Évidemment j'ai eu droit aux décombres, à oh! elle est jolie la petite fleur que je n'ai jamais vue, à un Frankenstein échappé aux radiations, des dinosaures ou des étonnements, mais il y a eu d'autres choses, exemple :

« Paul et Marcel s'assirent sur la margelle du puits souterrain et regardèrent d'abord le ciel bleu parce que c'est ce que l'on voyait en premier, le beau soleil, puis l'herbe verte et de temps en temps un bel arbre et les oiseaux volaient comme avant la guerre et ils devinrent tristes et ne se dirent rien longtemps puis Paul dit à Marcel :

« Je m'ennuie. »

Après ils redescendaient tous les deux dans les sous-sols et bouquinaient et jouaient aux dames en se promettant bien de ne plus remettre les pieds dehors parce que c'était ce qu'ils avaient vu de plus laid. »

Ça m'a tué, comme dirait Salinger.

M. m'avait demandé s'il pouvait traiter le sujet en bandes dessinées, j'avais dit oui bien sûr et quinze jours après, j'avais un grand dépliant avec des plantes anémiées que les radiations avaient rendues intelligentes, qui montaient la garde à la sortie du souterrain et qui disaient :

« Dès qu'ils sortent, on leur saute dessus parce qu'ils recommenceraient à faire des explosions. »

Mais il sortait des petits garçons gentils, alors les fleurs, les herbes s'attendrissaient et les laissaient passer. La dernière image, c'était une photo découpée, une réclame de tisane, herbes sèches, assassinées.

Je n'ai pas tout gardé, j'en aurais plein ma cagna mais je rêve quelquefois d'avoir toutes leurs œuvres depuis le premier jour où je suis rentré à B.; les grosses pattes avec les taches d'encre et les jolies choses, les pensées, les appels qu'ils m'ont faits :

« Vous comprenez... » « Je vais vous dire... »

Pas de perles, jamais, ou pas drôles, mais quelle perle est drôle? Il faut être déjà un furieux salaud pour dire d'un type qui s'est trompé qu'il fait des perles et après ça se taper le cul par terre, oh comme c'est marrant!

Sainte-Beuve, il croit que c'est une sainte, non mais incroyable, ce petit con, dans son HLM à la Garenne-Colombes avec la télé tous les soirs et papa câbleur qui croit que c'est une sainte. Pauvre France, où va-t-on?

Pour connaître l'enseignement, il faut avoir corrigé des épreuves en juin quand il fait chaud et c'est à qui trouve le truc le plus marrant dans les épreuves pour faire rigoler les collègues.

« Écoutez celle-là! »

Et ça renchérit.

« Moi j'en ai une pas mal... »

On se tape les cuisses.

Deux jours avant les mômes tiraient la langue, c'est inoubliable ça, trois cents types qui tirent la langue pour pouvoir être en usine tout au long de la Vida, Sentimento-tragico...

T. disait : Si en sortant d'ici un gars va voir Raoul Walsh plutôt que De Funès, s'il lit J. H. Chase plutôt que SAS c'est déjà ça.

Peut-être mais c'est quand même pas grand-chose. Il faut bien l'avouer, c'est se casser pour bien peu.

Oh! et puis je n'explique plus, tiens, je raconte, c'est tout, ça suffit.

Pour les explications, les buts, les finalités, les techniques, voir le bulletin pédagogique, moi je me tiens à ça : passer un bon moment dans la classe, qu'on n'y entre pas avec la gorge sèche, c'est déjà bien, c'est pas tout, mais qu'est-ce que c'est, tout?

Oui, vraiment je me suis toujours étonné d'une chose, c'est que personne ne se soit aperçu combien parfois ils sont cafardeux, il ne faut pas croire, ce n'est pas si rigolard que ça la jeunesse, parfois il y en a deux qui s'en paient une tranche, qui continuent sur les bancs la peignée de la récréation, ça, ça se remarque parce que ça dérange mais les tristesses, les pauvres yeux, qu'est-ce que vous voulez qu'on en dise :

« Vous avez fini de rire dans le fond? »

C'est normal, mais...

« Vous avez fini d'être triste, le petit brun du troisième rang? »

Ça, ça ne passe pas, c'est pas dérangeant, la tristesse et puis après la classe retenir le mélancolique, ce n'est pas possible, il ne va pas, il ne peut pas me raconter sa vie, il a raison, je n'ai pas le droit, s'il veut, tant mieux, mais sinon...

Et leur tristesse se renforce parce qu'elle se heurte à la brutalité. Être triste dans des coussins, près de mamans, d'amantes, des concerti dans l'oreille, ça va encore, on se berce, on s'engourdit la détresse mais là, voici que le désespéré rebondit sous les bourrades :

« Alors, Machin, tu tires la gueule? »

On en voit comme ça dans les couloirs qui boxent lentement comme des noyés :

« Allez arrête quoi, arrête enfin... »

Il ne demande qu'à être triste tranquillement mais la tristesse, c'est de l'esprit, c'est du cœur, de la faiblesse, ça, ça ne pardonne pas, il ne manquerait plus que des larmes en plus.

Elles viennent parfois à des petits de première année, des pensionnaires, à leur place, j'aurais fondu en liquide, après certif, les vacances sur la Manche, ils plongent en bleu dans l'huile, les fraiseuses, avec des gaillards à foulard, des machines, trois ans là-dedans et une belle perspective de traverser la rue pour bosser en face où c'est pire.

Et il y en a de si petits, si petits que derrière les machines, malheur, on ne les voit plus...

Lorsque l'heure sonne et que leurs engins pétaradent, quand c'est fini pour aujourd'hui, je me rassemble et j'ai des envies de gicler jusque dans le 16ᵉ, là je recherche des vieilles dames pas trop vieilles avec des cheveux violets, celles qui possèdent une pince entre la pommette et la bouche, cette pince creusée par l'habitude de prononcer les mots comme s'ils étaient chauds pour la langue, c'est merveilleux d'être loin d'eux, de savoir qu'ici j'entendrai pas :

« Eh, les mecs, eh... Oh les mecs, eh t'es con eh toi, eh... »

Vive la pince alors, ton flûté, fruité, friable; sur les trottoirs Passy je me fais bousculer, les chignons tiennent la laque et elles s'excusent.

Des gens qui s'excusent! Et se creuse la pince et les mots chauds qui sortent comme petits fours.

Pâardon, meûssieur... C'est léger, c'est souriant, c'est dentelle, c'est toute la France, Versailles, Ranelagh, ça fait du bien, elles portent des cadeaux discrets aux alentours de la Noël, salle de séjour avec le mélange vieux style et meubles jeunes; ça sent le bon goût, la tarte élégante, le design, ils ne connaissent pas ça, les pétaradants, jamais.

Une fois je leur ai donné ça comme sujet :

« Vous avez une pièce, immense, pour vous tout seul, beaucoup d'argent, qu'est-ce que vous en faites? »

Ah, le triste gourbi! Comment ils ont meublé ça! Pire que ma belle-sœur!

Ils n'ont pas oublié un napperon et tout brillant avec juste un petit coin, c'est ça qui est formidable, juste un petit coin pour eux avec le pick-up et les pin-up, il y en a même plusieurs qui ont fait mieux : ils ont réinstallé des cloisons! Ils se sont gardé le petit coin et pour le reste : le buffet et les chaises et l'entrée, ils ont refait l'appartement entier avec les sanitaires. Mais ne pas avoir de salle à manger? Ça, non, alors. Ce ne serait plus une vraie maison si on ne voyait pas le service porcelaine sous le verre coulissant, et oui, polyester et formica dans la cuisine. Pour inventer autre chose que Levitan, faut avoir la pince sinon c'est lamentable, c'est là le drame.

Je leur ai demandé ce qu'ils pensaient des fauteuils gonflables, des sortes de choses rampantes pour vivre par terre. Zéro, ils regardent les photos et se bourrent les côtes :

« Pour le camping, j'dis pas mais... Oua, oua, ils sont dingues les mecs eh. »

Ils se plient devant un siège très bas, presque lit :

« C'est pour les fainéants, ça. »

Non, l'idéal en très large majorité c'est chambre à coucher, salle à manger avec tout : la table au mitan et le lustre et faut pas trop qu'il pende bas.

Ça m'énerve, ça m'énerve, je me dis qu'aimer quelque chose fait pour y vivre et le voir qu'en photo, c'est dur à comprendre. C'est leur mot, ça tiens :

« C'est dur à comprendre ça m'sieur ».

Tout est dur pour eux, alors ils durcissent aussi : ils n'ont pas de pince.

Le jour où je rends la rédac, je leur précise ce qu'on avait dit :

Mais vous êtes seul, célibataire, tout seul, vous n'avez quand même pas besoin de desserte, de...

Rien à faire; et puis ils veulent se meubler comme ça, hein... Qu'est-ce qu'il faut faire? R. qui est le vrai sournois, me demande :

« Et vous? »

Je me rengorge, je me défoule, j'expose, j'envisage tout haut mon petit bordel, mon compromis ascétisme-porte de Clignancourt, je me fais plaisir, je suis aux anges, je mets des bibelots, des planches, je m'excite, je peins moi-même.

« Faut mettre de l'enduit pour que ça fasse propre... »

Je néglige ce genre d'interruption particulièrement abrutissante et je repars, mais non, ils n'aiment pas ça, on n'aime pas les mêmes choses, ça c'est évident mais ça me surprend quand même chaque fois... Même G. le fou des modèles réduits, s'il avait soixante-dix mètres carrés à lui, faire ce qu'il veut, eh bien non, je lui dis que c'est pas salissant, du bois, un établi...

« Oui, oui, oui, d'accord, ça je l'aurais chez moi, mais à la cave. A la CAVE! »

Pour le faire démordre faudrait des mules et rouges, je vais me mettre en colère, enfin quoi, pourquoi il ne le monterait pas son fourbi, il aurait plus chaud, il pourrait manger sur un coin d'établi, au lieu de...

Oh et puis, hein...

Grand geste.

Oh, mais je m'éloigne, je suis hors sujet, j'ai pris des libertés, j'aurai la mauvaise note, voilà que je raconte Bezons, dans les années 60 encore!

Ailleurs et autrefois, alors que c'est le môme d'aujourd'hui qui compte avec son cartable sponsorisé, ses cahiers Mickey, ses gommes gadgets, son blouson flou, ses tennis Noah...

Ah, c'est fini la blouse sinistre, la plume sergent-major, les manches en lustrine et le plumier en bois.

C'était d'un triste! Changeons tout cela, introduisons les couleurs! De la joie, de la chaussette au stylobille...

Je fais toutes les rentrées, celle du 18e, c'est plus des gosses qui vont à l'école, ce sont des dessins animés.

Des pompons roses sur les oreilles, des casquettes jockey, il y en a un qui a des genouillères de handballeur, ça chatoie, ça chante du chant des couleurs mais ça me paraît encore plus triste par le contraste.

Il y en a un petit avec un ours dans le dos, fringué comme Steve Mac Queen en plus alpiniste qui traîne sa sacoche plastique rose bonbon avec tout le malheur du monde. Il a vraiment du mal à rentrer dans son préfabriqué.

Une larme coule, c'est pas un hurleur celui-là, il s'accroche pas au bastingage avant de couler, il y va avec le cœur en berne et juste une goutte le long de la joue.

Je dois être vraiment con mais je n'arrive pas à comprendre pourquoi, même pour leur bien, pour l'avenir, pour qu'ils soient hommes, femmes, heureux, organisés, présidents, présidentes, je n'arrive toujours pas à saisir pourquoi on fabrique un système qui doit les faire pleurer d'abord.

Mais tous ne pleurent pas, regardez : la plupart rient, s'amusent, sont heureux. Oui, je sais, j'ai tort, vous avez raison, vous me montrez la joie débordante du grand nombre, les rires et les ébats, les instituteurs souriants, mais je veux être de mauvaise foi, pas vraiment d'ailleurs et je me demande si ce n'est pas vous qui forcez un peu la note ou si vous ne faites pas assez attention : et le petit là-bas, derrière l'arbre, celui qui ne dit rien?

Un cas particulier?

Moi, c'est lui qui m'intéresse, pourquoi ça ne colle pas pour lui? Et je vous le dis, si l'école est bonne pour quatre-vingt-dix-neuf pour cent des gosses, je m'en fous. S'il reste encore une larme sur une joue unique et minuscule, alors il faut tout changer, de fond en comble. Peut-être en introduisant la vie. Parce que, contre la vie, on ne peut pas lutter.

Une année la fête est venue, en face des fenêtres du collège, juste la rue à traverser, les tamponneuses, les sucres filés, le tir à l'arc, on ne voyait que le cul des baraques mais tout d'un coup, la zizique : Hallyday avec des chœurs. C'était pas branché bien fort, eh bien rien à faire, je n'ai pas pu lutter. C'est pas qu'ils aiment tous Johnny, mais cette chanson, c'est comme la sirène du monde du dehors, c'est con, ça dégueule, mais ça leur évoque leurs soirées en blouson à fumer et à mirer les filles qui glapissent et à se sentir les pectoraux trapus lorsqu'on se déhanche pour s'accouder à la rambarde des autos tamponneuses. Le monde où ils se sentent la liberté de s'emmerder par paquets, aller à un stand, à l'autre, faire un carton et se taper des cacahuètes en se tirant les bretelles bariolées.

S'ils étaient aussi bien en classe que là-bas, c'est qu'ici ce serait la foire.

Mais voilà ce qu'ils sont et ce qu'ils aiment et puis je ne sais pas, je ne sais plus rien, peut-être qu'une soirée de fête foraine sur le Rochechouart ou la Bastille ou à Bezons, c'est capital pour l'humain comme expérience, les odeurs, les ampoules, les frôlements, le Rock, ça vous donne de l'émotion, de l'amour.

« Oui, mais de quelle qualité? »

Pourquoi, de quelle qualité?

Vous croyez qu'il est beau l'amour-chantage Racine, l'amour je l'admire mon gros viril Rodrigue, l'amour pastoureau, galimatias, sentier du cœur, Lagarde et Michard, j'en passe et des atroces...

Alors l'amour samedi soir entre Nanterre et la Folie, pourquoi minauder?

Ça c'est eux qui me l'ont appris, je le leur dois, c'est arrivé un matin où l'on parlait comme ça sur un texte, je ne sais plus qui, Flaubert, Stendhal et T. Marcel T. exactement m'a dit :

« Mais c'est moche, m'sieur, je vous assure!!! »

Et convaincu! Il m'a ébranlé, j'ai appelé à moi toute la mansuétude, l'ironie indulgente, le savoir, mais la classe, malheur, toute la classe qui opinait du bonnet, totalement persuadée, et le plus grave, ils m'ont plaint, je crois bien, les vaches : mais quels avaient donc pu être la formation, l'engrenage, les brutalités, les gifles, les ruades, les peines qui étaient arrivés à me faire dire que ces trucs-là, c'était beau! Alors là, non, alors, ils avaient l'air de dire :

« Allez m'sieur, soyez sérieux, ça vous fait rire Molière? Non. Ça vous émeut Chimène? Non. Ça vous excite Saint-Exupéry? Et Verhaeren et Jules Romains et Maurice Genevoix et La Fontaine, et Georges Duhamel et Camus – chiant comme la mort, Camus – allez franchement, là, entre nous, hein? Bon eh bien alors vous voyez que vous rigolez, alors venez à la fête, c'est rare les fêtes dans la vie, on verra les filles et les autobus et la nuit se fera douillette et facile... »

Bon dieu, ce Marcel T., il avait trouvé ça, lui, dans sa caboche de fraiseur mouliste : comme ça tout de go, franco, une idée dont je n'avais jusqu'alors que l'impression... C'est vrai que Camus... et Saint-Ex... et même Molière, pas de quoi se taper sur les cuisses. Il y a longtemps de cela. Je ne sais plus où j'en suis avec tout ça, mais je l'ai dit au début, tout sera chaotique et si après dix ans à Bezons, un type vient et me sort une expérience, une pensée, une idée pas contradictoire, il n'y a aucun problème : elle sera fausse.

Une phrase me vient encore à l'oreille, prononcée par le dernier directeur : « Faites-leur de beaux textes. »

Problème de la rencontre avec le beau, avec les belles-lettres. Comme élève j'ai peu de souvenir de m'être heurté avec la Beauté. Entre la Tristesse d'Olympio à apprendre par cœur pour lundi trois heures et l'explication de texte des Méditations et quels sont les auteurs qui composent la Pléiade et relevez les vers qui soulignent la vindicte de Camille envers Horace, je dois dire que la poésie m'a bien filé entre les doigts...

C'est dommage, peut-être, que trouver quelque chose de magnifique, c'est la seule façon de ne pas en avoir peur... Le seul truc que j'ai trouvé superbe c'est en revenant un jour de buissonnière, j'ai vu les chevaux de Marly en contre-jour, la cavalerie de calcaire, toute cabrée dans le soleil, les muscles de pierre ont pivoté, cinq secondes d'une leçon de sculpture, je ne l'ai jamais oublié.

... Oui, je dois dire que le Beau est un problème...

Il y avait quelques photos punaisées en fond de classe au-dessus des porte-manteaux, des reproductions, on ne peut pas dire que ce fut une incitation à la peinture. Et puis pour ça il y a le prof de dessin.

On a tous des souvenirs là-dessus : un trimestre à tenter de crayonner une cafetière plantée sur un torchon à carreaux, avec les ombres et les pliures du tissu.

Moi, c'est la symétrie qui me posait des problèmes, l'arrondi, après la tasse à café on est passés au bol. Le martyre total, les deux côtés ne se raccordaient pas. Je gommais tellement que je trouais le papier, j'ai usé des kilos de gomme, des mies de pain par boulangeries entières, des buvards, je vois encore mon bol, biscornu, dissymétrique, après le bol et la cafetière, quand on a eu le petit déjeuner complet, on a dessiné notre propre crayon.

Il faut dire que c'étaient les restrictions, mais tout de même... Je posais mon crayon sur la feuille, je le regardais et je le reprenais pour pouvoir le dessiner lui-même. Il y avait quelque chose de métaphysique là-dedans. Et tout ça noté, forcément, c'était même une épreuve d'examen avec le modelage, le petit frère scolaire de la sculpture.

J'ai passé modelage en option pour le BEPC. Il fallait faire un cendrier rond. Toujours des problèmes de symétrie. Élastique la pâte à modeler, quand on tire d'un côté ça s'étire de l'autre. J'avais fait une galette plate pour le fond et pendant une heure j'ai tenté d'enrouler dessus une maigre saucisse pour le rebord.

J'en rigole aujourd'hui mais c'est plus grave que ce qu'il y paraît parce que mon père était à la SNCF, moi, et pas dans les hautes sphères et si je la loupais ma saucisse-cendrier, ça me ferait des points en moins et je louperais le BEPC, et si je loupais le BEPC je redoublerais pas et si je redoublais pas eh bien je rentrerais aussi à la SNCF à porter le courrier dans des corbeilles, mon père m'avait déjà expliqué...

Alors avec le prof qui me collait quatre sur vingt parce que ma cafetière penchait à gauche et que le bol avait la fluxion à droite et l'examen qui pouvait m'échapper parce que j'avais beau rouler l'argile entre mes paumes j'avais jamais la perfection, et du coup, crac, la SNCF! On peut pas dire que ma culture Beaux-Arts ait été sereine et contemplative.

Même aujourd'hui au musée, j'admire les natures mortes parce que les flancs des vases et des carafes sont parfaitement galbés, je n'y retrouve pas mes fluxions, mes abcès anciens...

J'apprécie l'équilibre, voilà des gens qui auraient eu vingt sur vingt et le BEPC par-dessus le marché.

Donc côté Arts Plastiques ça laissait à désirer.

Sur de vieux cahiers, je retrouve des noms en bas des pages, après le résumé des événements importants, la peinture comme un petit post-scriptum :

« Les principaux peintres de l'époque sont : Manet, Monet, Van Gogh et Gauguin. »

Point final. Un peu plus on les oubliait.

Vous me direz qu'il y a la musique. Je ne sais plus très bien où en est l'enseignement de cette belle chose.

Personnellement j'appartiens à la génération de l'harmonium.

Une boîte avec un levier. Il fallait pomper et ça faisait un bruit d'accordéon-piano.

Bref, une sorte d'orgue.

Instrument typiquement scolaire que je n'ai jamais vu nulle part ailleurs.

Il devait exister des profs de musique qui jouaient de la flûte, du violon, de la guitare, ça aurait été bien peut-être de les écouter.

Pas du tout : Harmonium.

La musique pédagogique, mes parents chantaient la *Tosca* le dimanche matin, c'était un peu juste comme formation, mais enfin j'aimais bien les sons, les mélodies...

Je me suis retrouvé avec mes congénères à faire des dictées. C'était une malédiction à l'époque.

Des dictées de notes. Le prof appuyait sur son levier, il en sortait un beuglement et sur les lignes il fallait écrire ce que c'était... mi, sol ou ré... Je n'ai jamais su, je copiais tout sur tous mes voisins qui me copiaient eux-mêmes, à la fin on mettait n'importe quoi.

Je ne prétends pas, jeune Mozart, avoir été assassiné, oh que non... J'ai même le souvenir d'enseignants gentils, plus que les autres, la musique les adoucissent peut-être mais vraiment, ce n'était pas leur faute, on ne peut pas dire qu'ils aient suscité des vocations.

Le plus emmerdant, c'était les canons, chanter en canon est une catastrophe, ça se mélange, c'est la cagade absolue, on est resté longtemps sur « l'Hymne à la Joie ». Épouvantable, l'Hymne à la Joie, avec la première voix qui percute dans la seconde qui réverbère la troisième mélangée à la première...

Il y en avait qui chantaient autre chose : « On chante dans mon quartier »; « La guitare de Chiquita », personne s'en apercevait, on avait largué l'harmonium depuis longtemps. C'est de là que doit venir mon horreur des chorales.

On en voit parfois à la télé. La caméra glisse sur les visages. J'imagine leur vie. Je me demande si la soprano rousse, la troisième à gauche, ne tringle pas avec le baryton du dernier rang.

Certainement.

Ils doivent se faire des répétitions terribles.

La mezzo du milieu doit faire semblant de chanter : elle ouvre la bouche plus que les autres. Peut-être chante-t-elle « La guitare à Chiquita », gros succès d'après-guerre, « Dans les ranchos, les sierras... » Je m'en souviens encore.

En résumé, je n'écoute pas.

C'est bien dommage évidemment, c'est certainement très beau, ils ont tous l'air tellement recueillis... Même la rousse et son baryton d'amour.

Génération d'harmonium, cela veut tout dire. Aujourd'hui, avec le matériel qu'ils ont, ce doit être autre chose : finis les phonos, on glisse une cassette dans l'appareil.

Et voilà le Metropolitan en stéréo, la Scala comme si vous y étiez, Bayreuth et Karajan, Caballe et Domingo, tout en direct, pronto subito.

« Initiation musicale ». Ça doit être bien.

On ne va pas passer tout en revue mais il y a le théâtre, c'est le plus important parce que c'est d'abord une sortie. Ça permet de foutre d'abord le camp, ce qui n'est pas un mince avantage, surtout pour les pensionnaires.

J'ai toujours aimé ça, j'ai vu une dizaine de fois *Cyrano de Bergerac* à la Comédie-Française entre huit et douze ans et une fois *Le Cid* en matinée scolaire au grand cinéma de Maisons-Alfort, je me souviens de grands va-et-vient dans les travées, les types allaient pisser par vagues, faisaient la chasse aux eskimos ou se tiraient des clopes.

Le malheureux continuait :

« O rage, ô désespoir, ô vieillesse ennemie... »

Un acteur très bien, pas distrait pour un sou par les brouhahas, un spécialiste des matinées scolaires, je me souviens de l'avoir admiré, mais il était temps que ça finisse, les grands de quatrième commençaient à jouer aux billes entre les rangs du fond.

C'est peut-être parce que ça m'a paru tellement loupé que j'ai voulu, lorsque je fus prof, donner dans le théâtral. Dans la poésie aussi.

Une année surtout, en 62, je m'en souviens bien.

J'ai revu A. il y a une dizaine de jours, il a fait un CAP modeleur et une mention plaquiste. Il est pompiste boulevard Richard-Lenoir, il fait la nuit, le jour il écrit, sculpte un peu et économise pour se payer un an de liberté dans une cabane sur les collines.

Je l'ai eu en première année, le vrai petit bon élève frisé à lunettes, il levait un doigt rouge pour répondre bien comme il faut.

En mai 68, il a balancé sa dose de pavés et entre-temps a fait un tour du monde et deux tentatives de suicide.

Quand il parle du collège, il dit « la moulinette »...

« Quatre ans de moulinette. »

Un jour d'avril, il avait fait un exposé. C'était en troisième année, dix-sept, dix-huit ans, je leur laissais le choix du sujet, je leur donnais deux heures et ils parlaient. Je me sentais énormément avant-garde de faire ça. Souvent ce fut catastrophique. Lui, il avait choisi la Poésie, P majuscule.

Je revois les têtes, il avait parlé un peu et mis un disque : Maria Casarès disant « Le Lac ».

Fin du disque.

Silence.

Ça durait.

Il avait tenté de secouer ça :

« Alors qu'est-ce que vous en pensez ? »

Les chewing-gums avaient changé de joue, les omoplates remué sous les blousons et un costaud renversé sur la chaise, les pognes dans le Levis avait dit :

« C'est pas du français. »

Crac.

« Comment ça, c'est pas du français ?

– Ouais, elle cause pas français, c'est pas comme ça qu'on cause. » Péremptoire.

J'interviens :

« Vous avez compris des mots, tout de même, en gros qu'est-ce qu'elle dit? »

Geste vague, joue gonflée : Bof... T. intervient :

« C'est l'histoire d'une fille quoi...

– Oui, et alors?

– Elle est morte.

– Vous aviez tous compris ça? »

Mouvements collectifs traduisant une réponse affirmative gênée.

Le costaud (j'ai perdu son nom) remet ça :

« C'est pas du français. »

Je m'énerve :

« La poésie alors, les vers, tout ça, c'est un autre langage? Comme l'anglais?

– Non, les Anglais ils se comprennent entre eux, c'est du français, mais je sais pas, c'est pas comme ça qu'on cause. »

A. qui marque les coups tente une sortie :

« Vous trouvez ça joli, quand même? »

Il est désespéré, le malheureux.

Silence, ils raclent les baskets et n'osent pas trop râler parce qu'ils sentent que pour A. ça compte mais dans le fond il y en a déjà un qui entrouvre son cahier de techno. Ça foire.

T. relance parce que c'est le copain de A.

« Moi je dis que c'est beau, mais c'est les riches qui parlent comme ça. »

A. habile, branche sur Rimbaud, dit qu'il est pauvre, raconte « Le Vagabond » et passe le disque.

Quand il est question des élastiques un pied contre mon cœur, il y en a un qui fait dzoïng!

On cause un peu, encore.

Ça a foiré.

Alors quoi, qu'est-ce qui s'est passé? Qu'est-ce que ça veut dire que c'est pas du français?

C'est pour ça que ça déçoit, ce genre de chose : inaccessibles, imperméables, fermés, bouchés, c'est un peu facile de balancer des mots comme ça.

J'ai remis ça un peu plus tard avec Cendrars, « Le Transsibérien » :

« Blaise, sommes-nous bien loin de Montmartre? »

Tu parles, à Kontsk, elle était moins loin de Montmartre que les mecs du collège de Cendrars.

Alors, j'ai plus osé, j'ai eu de la pudeur à leur lancer des vers qui rebondissaient contre eux, ça les faisait marrer, ils entrouvraient les cahiers de techno, ils ne rêvaient pas, ils ne rêvent pas, ou pas comme ça.

Un jour, après un petit bout de « Mal aimé », j'ai demandé :

« Ça vous plaît? »

Il y a un grand tourneur qui m'a dit :

« Ça vous plaît, à vous, m'sieur? »

En creusant, ça voulait dire qu'il fallait être dans les études pour aimer ça, mais que eux, wallou!

Quelques années après, j'ai apporté un disque de Ferré sur Verlaine.

Trente-six en classe, des durs, des qui remuent du sable trois ans et qui suent pendant les coulées.

Ils ont écouté.

Trois fois de suite.

J'ai dit :

« Ceux qui veulent copier pour le garder, ils peuvent, si vous voulez pas, c'est pas la peine. »

La moitié a copié.

Serge faisait du meilleur boulot que moi, il travaillait sur Brassens. Il est resté un mois sur « Saturne », ça fait quatre heures. Ce qui ne passait pas c'était le grain de sel dans les cheveux, ça, rien à faire.

Ils n'ont pas de pensée pour saisir l'expression symbolique, le sel c'est dans la soupe, le sel ça veut dire le sel, c'est pas parce que c'est blanc que ça veut dire un cheveu.

Ce sont des avares de l'expression : un mot c'est un mot.

La dernière année j'ai baissé les bras, je ne sais pas si j'ai eu tort, mais la poésie ça commençait aussi à me casser un peu les pieds.

A. en fait toujours, il m'en fait lire parfois, c'est très mauvais.

Et il y a eu le théâtre.

TNP, « La Paix » d'Aristophane, on est tout en haut, au plafond. Objectif Un, repérer les nanas, les lycéennes agitées. Il y a de bruyants changements de place. Je pique des suées de honte, je voudrais que ce soit fini, qu'on soit déjà dans le car du retour. A l'aller ils ont fumé, chanté en chœur et repéré les genoux des conductrices en contrebas. Ils étaient un peu soufflés de se trouver à Paris la nuit, à Paris tout court d'ailleurs, ils ne franchissent pas souvent la Seine.

Noir.

Ça ne les fait pas taire, il n'y a que les habitués qui se taisent quand ça devient noir, le noir ils savent que c'est le début, le départ mais pour les gars du collège, un noir, c'est un noir, c'est-à-dire un truc où on ne voit rien et on peut se pincer et bramer sans être repéré. C'est logique.

Lumières, décors, acteurs. Tout de suite ils rigolent, on donnerait cher alors pour être tout en bas, bien seul, bien enfauteuillé mais à chaque fois la réaction est la même : ils se défendent parce qu'un type en costume qui s'expose sur les planches, ça les agresse. La présence d'un hurluberlu qui se plante là avec un métier pas sérieux, pour parader, qui parle fort et qui est un morceau tout vivant de culture, ils taperaient dessus. Alors là, il faut qu'ils lui fassent sentir que c'est un sale con. Les vannes sortent : « T'as raison, papa. » « Quand tu t'arrêtes ? »

Ce soir-là il y en a un qui a interpellé Vilar.

Moi, Vilar c'était beaucoup, lui il y a été franco.

Vilar a continué sans broncher un cil.

On en parle après : le cinéma, c'est pas pareil, c'est du ciné, mais là, c'est vrai et c'est pas vrai et puis les gens rentrent et sortent des coulisses, c'est pas réel. Dans les rangs il y en a qui écoutent, qui voudraient un peu être tranquilles, ne pas comprendre mais se laisser submerger, la boîte devant hypnotisante comme une flamme de feu de bois, attirante comme l'eau sous un pont quand on se penche.

Je ne leur en veux plus : ce n'est pas drôle d'aimer quelque chose qui ne fera plus partie de votre vie, alors faut bien se défendre, dire que c'est trop nul, pardon, que c'est trop con.

Quatrième année 1966, un gars qui venait du Nord, un plaquiste : il a lu *Cyrano*, deux heures, aux passages qu'il connaissait par cœur (les nez, la fin) il se levait et donnait des coups de talons dans l'estrade, le duel de l'hôtel de

Bourgogne, je l'ai bien aimé avec lui tout seul et un double décimètre comme épée, il est mort le dos au tableau noir, les yeux blancs.

La classe était sidérée et puis ça a applaudi et de vrais battoirs.

« Vous aimez ça? »

Ils ont tous dit oui et d'un seul élan.

Alors?

Un jour il y a trois ans, j'ai cherché une pièce, pour eux. Ils ne mordaient pas aux classiques, ça se comprend.

Je me dis : des modernes.

Dans un théâtre de banlieue ils avaient monté un spectacle suisse : Jeunesse 65 avec des yéyés, du football, des bécots : leur vie de jeunes, disait le prospectus.

On y va. A cent cinquante.

Ah malheur.

La brave préposée, elle en était verte.

J'ai pensé leur faire reprendre le car dès l'entracte.

Elle leur a dit :

« Mais ce sont vos problèmes! »

C'était vrai, seulement le hic c'est qu'ils ne se les posent pas.

La deuxième partie ils ont chanté le yéyé et au retour ils ont râlé parce qu'ils avaient perdu leur temps.

« Le théâtre, ça doit quand même apprendre des trucs.

– Aristophane, ça vous a appris plus de trucs quand même, non?

– Oui, mais c'était moche. »

J'en ai fait des sorties en dix ans, chaque fois le trouillomètre plus bas que terre, ça n'a vraiment marché qu'une fois. Totalement.

Deux pièces chinoises du Ve siècle.

On en a parlé huit jours.

« Pourquoi ça vous a plu?

– Parce que là, c'était beau. »

Si je fais les comptes et si j'excepte cette pièce (gloire soit rendue à Patrice Chéreau), je m'aperçois que tout ce qu'on avait vu jusqu'à présent, c'était moche. Intéressant, ingénieux, bien joué, intelligent parfois, mais moche. Moi, j'avais aimé parce que c'était mon rôle mais mon rôle honnête aurait été de mêler ma voix en concert, s'il y avait un peu plus de profs qui disent : « T'as raison, papa. » Le jeudi à la Comédie-Française, ce serait peut-être moins tartignolle, moins figé, moins cul sur chaise.

Là, deux samouraïs bondissants à contre-lumière avec des villes minuscules qui leur passaient entre les jambes, avec les masques et les couleurs, le théâtre est entré en eux pour la première fois. Le trimestre d'après ils y sont retournés, ils étaient deux fois plus nombreux.

Une catastrophe.

Alors je suis bien content de le dire, le théâtre, pour eux, c'est pas difficile à définir ; c'est le théâtre génial.

Ils s'y connaissent. Plus que leurs profs.

Mon bilan c'est une impression pas très nette que j'aurais pu, dû faire autre chose, j'en aurais eu davantage, pas tous, mais il faut compter avec la flemme, la leur et la mienne, le programme, tout ça n'est pas nouveau. Ah là là !

Poursuivons par la fin.

J'ai quitté l'enseignement il y a une bonne dizaine d'années et à ce propos je voudrais raconter une chose qui est arrivée qui m'a tout de même fait prendre conscience que rien n'était gagné.

Je m'en doutais un peu mais après ça je n'ai plus eu de doutes.

Donc, la dernière année j'étais relax.

Tout coulait. Une classe rêvée, c'étaient des BEP, mi-filles, mi-garçons. Je devais avoir acquis par habitude un style d'enseignement coulé un peu semblable à celui des nageurs olympiques américains de brasse papillon : facilité et efficacité.

J'alternais avec brio la fausse improvisation avec la pseudo-préparation, la participation était bonne et j'en venais au fond à regretter de quitter des lieux quasi idylliques... Mon mariage avait finalement réussi, sans amour au départ voici que je m'apercevais que le couple s'était formé peu à peu au fil des ans et qu'on se roulait, prof et élèves dans le grand lit de la classe en coïtant tendrement, avec un enthousiasme discret.

Donc, je pars en juin. Dernière classe pas du tout Erckmann-Chatrian, je savoure le doux cocktail du jamais-plus, un geste de regret, le reste de jubilation et je pose la craie.

Adieu aux pédagogies.

Deux jours après, il est vingt heures et on

sonne à ma porte. J'ouvre et j'ai une quinzaine d'élèves sur mon palier avec quatre bouteilles de Blanquette de Limoux. Je me sens monter les attendrissements : ils entrent et on trinque, je m'attendris, je me dis que tout de même j'ai dû être un prof épatant, sympa, compréhensif, j'ai fait éclore ces fleurs fanées, j'ai ouvert ces consciences frustes aux lumières de la Culture, la piquette aidant j'en viens à regretter de ne pas m'avoir eu moi-même pour prof : si j'avais été mon propre élève, jusqu'où ne serais-je pas monté, je m'embourbe dans l'auto-satisfaction lorsque ma femme qui assiste à tout cela s'adresse à M. en tailleur sur la moquette :

« Alors, en résumé, il vous a appris des choses?

– Ouais, c'est sûr... »

Je me rengorge, repique dans la Blanquette, prends une pose, m'accote au fauteuil, attitude détendue, style Apostrophe, matinée bohème montmartroise, pour faire le malin et mettre la touche finale, je profère :

« C'est vrai qu'au fond, vous avez travaillé cette année... »

M. se dandine, baisse la tête et lâche :

« C'est parce qu'on avait peur de vous, m'sieur. »

Cycle fermé, circuit bouché. Trente-cinq ans auparavant, la bave aux lèvres et la mort au ventre je pénétrais à l'école sous le signe de la plus grande peur, j'en sortais aujourd'hui en étant devenu le dispensateur des frayeurs intérieures sans même l'avoir voulu.

Victime et bourreau, chanson connue.

J'ai regardé M., j'ai cru quelques secondes à un gag, à une farce qu'ils m'auraient montée... Je ne les ai jamais battus. Ils faisaient le mètre quatre-vingts, rarement punis, on avait parlé, c'était pas possible, c'était une erreur, une saloperie, ce con de M. avait trop tapé sur la limonade, j'avais déjà la casquette avec leur vitriol de banlieue.

J'ai quand même demandé :

« Mais pourquoi vous aviez peur? »

Il a haussé les épaules.

« C'est parce qu'on se faisait déshabiller, m'sieur. »

C'était donc ça!

Pas de méprise : déshabiller, ça veut dire qu'en utilisant l'humour, arme solide s'il en fut des gros malins supérieurs, on met à nu la faiblesse de l'autre, son erreur ou sa faute...

J'ai usé des déshabillages, il faut bien avoir un pouvoir, c'est même là toute la question. J'ai fait mon futé, je ne collais pas, je n'engueulais pas, je ne menaçais pas, je vannais, utilisant la formule ciselée des fins salauds.

Ils m'ont craint parce qu'avec cette technique, en plus je faisais marrer les autres. Un côté chansonnier facile. M. s'est déballonné, il avait la trouille que ça lui arrive, que je lui balance la remarque assassine et bien tournée.

Il a même dit un truc terrible :

« J'aurais préféré une claque ou six heures. »

Et voilà le travail, je n'avais pas échappé à l'engrenage, enfin, si, j'y étais arrivé en me carapatant, mais quel échec, tout compte fait! Celui qui a peur fait peur pour ne plus avoir peur. Parce que je n'ai pas été rassuré toutes ces années-là, je peux bien le dire. Ce n'est jamais gagné avec ces lascars, ça marche à peu près et puis un jour ou on a la fatigue, l'énervement, on fait une heure molle, une interro écrite de trop, une vacherie pas prévue et c'est fini, tout bascule, du paradis au bagne, les moutons sont tout à coup féroces, le petit rikiki qui sait toujours ses leçons, tout séraphin, tout angelot, il commence à racler des talons sous la table, à prendre des allures voyous, le voilà James Dean, Brando. L'inverse est vrai vous me direz, il y a des classes horribles, monstrueuses, houleuses en permanence. Chaque classe a ses bruits, il y en a de métalliques, des engrenages qui coincent, des rires rouillés qui fusent de toutes parts, le prof s'épuise à colmater la brèche car tout rire est une voie d'eau du grand navire Autorité, il y en a d'autres qui sont comme des mers, des océans incroyables : personne ne parle et c'est le quarantième rugissant... Une sorte d'entité bruissante. C'est de la folie. J'ai vu des profs fous, incapables de localiser ce grondement, ils cavalaient, pourtant, hurlant plus fort, submergés de plus en plus, dans le vacarme jusqu'aux oreilles, ils mouraient debout sur la dunette, sombrant dans les déprimes, les absences... C. qui sautait d'une cure de sommeil dans une tentative de suicide et qui a fini conducteur de poids lourds avec deux licences et un CAPES.

Chaque classe a son rythme, de l'amorphe à l'agité, du diplodocus au ouistiti, tout y est pour tous les goûts.

Faire sortir un stylo, faire ouvrir un cartable, déboucher un bic mais dans certains cas, c'est quelque chose de colossal, une dépense de salive folle, à s'en faire péter les neurones, mais j'aurais rampé, moi parfois, j'aurais bouffé des santiags pour qu'ils condescendent à ouvrir un bouquin, à sortir leur sacoche, à se pencher...

On se bat contre des tonnes de refus, et rien qui pèse autant... On ne s'imagine pas comme un enfant peut tourner plomb, masse inerte, cadavre. Alors chacun trouve son levier, moi j'avais le mien sans doute, pas plus brillant qu'un autre : je me moquais d'eux. Pas de tous à la fois, bien sûr, mais d'un repéré d'entrée, le plus typique, et j'utilisais contre lui les rigolades de ses copains. Diviser pour régner, ça aussi ce n'est pas une nouveauté.

Déjeuné aujourd'hui avec J.-L. Robert et Guy Vidal, ils tournent autour de quarante-cinq balais, Guy frisant les cinquante et je leur dis que je fais un truc sur la peur à l'école.

J.-L. me raconte que les jours de grand froid lorsque les oreilles sont rouges, Monsieur J., leur maître, posté derrière chacun d'eux vise chaque lobe et expédie une pichenette sèche et précise dispensatrice d'irradiantes douleurs, il avoue aujourd'hui ne pas savoir la raison de cet acte traditionnel. La chose ayant lieu chaque matin d'hiver, une sorte de châtiment probatoire.

Punis par avance, exécution avant la faute. Était-ce un rite d'initiation? Sadisme léger, vocation d'oto-rhino contrariée? Connerie pure? Impossible de savoir.

Robert raconte encore que son prof de maths commençait ses cours de géométrie avec la phrase suivante :

« Si je tire un trait de l'œil de J.-L. Robert jusqu'à la tour Eiffel qu'est-ce que j'obtiens? »

Avec la lassitude qu'engendre la monotonie la classe répondait :

« Une ligne droite.

– C'est bien, interrogation orale. J.-L. Robert au tableau... »

Jean-Louis m'avoue regarder aujourd'hui encore le sommet de la tour Eiffel avec quelque ressentiment.

Il existe entre cette pointe suraiguë et son œil un rapport douteux et perforant qui l'inquiète encore.

Guy se souvient d'avoir eu un instit qui à l'aide d'une gomme-crayon remontait de la nuque rase des élèves jusqu'au sommet de leur crâne (c'était le temps des brosses) en produisant une sorte de frottement râpeux dont le crissement est resté dans son oreille.

J'interroge autour de moi, c'est bien rare que je n'aie pas droit à l'un de ces récits dont l'addition résumerait toute la misère d'une profession qui sans doute n'en est pas une. Très aigris de vies vaguement manquées, vengeances anodines et ridicules, cruautés dérisoires, privautés imbéciles et attendrissantes. Façon disgracieuse qu'un homme livré toute une vie à des enfants avait de leur dire qu'il les aimait et qu'ils lui avaient pompé la vie...

Monsieur J. aux pichenettes, que cherchait-il avec ces cinglements, son index maculé d'encre fouettant une oreille glacée?

Il les aurait voulu savants, sans doute, ses loupiots, sages et réfléchis. Il voulait peut-être les voir chefs, ingénieurs, présidents, avocats...

Il croyait que les études amenaient la réussite, la fortune et voici qu'au lieu de se diriger vers les belles écoles qui ouvrent grandes leurs portes aux carrières semées de gloire, les nistons renaudaient, faisaient les cons, se touchaient la bite au lieu de donner dans Pythagore, Thalès et La Fontaine, alors, paf, dans les lobes, bien fouetté, la chiquenaude terrible à hurler de douleur parce qu'ils le méritaient, parce qu'avec leur paresse, leur veulerie ils auraient la vie moche, pire que la sienne, ils ne seraient même pas instituteurs, ils n'auraient même pas le droit de cingler les lobes. Triste fin...

Triste, longue, interminable. J'ai eu un prof d'anglais au rhume géant, permanent et absolu qui étalait ses mouchoirs sur le radiateur, des lessives entières, des torchons comme des voiles, c'était les classes bateaux, on naviguait à la morve, au crachat... C'était un violent celui-là, avec la mornifle facile. Rare mais précise, il sonnait sec, ça pétait comme un 6,35.

Trop facile, tout ça. Et les sympas? Et ceux qui vous marquent en bien pour la vie? Ceux dont on se souvient avec le rire à l'âme?

Pas tous des maniaques, les profs.

C'est quand même pas le repaire des sadomasos, non bien sûr, j'en ai même connu d'excellents, mais ça n'empêche pas, il y a trop de risques de tomber sur un tordu à pleins pouvoirs qui va vous casser la colonne de septembre à fin juin... Mais c'est vrai, j'en ai connu des bons. F. peut-être le meilleur.

Il leur disait doucement des choses douces, il se penchait sur les cahiers, vers eux, dans la sollicitude et les garçons devenaient gentils.

Il ne préparait pas de cours, ou rarement et leur racontait des aventures de pharaons, disait la vallée du Nil, les champs de pétrole, les verbes transitifs, la sécurité sociale, tout cela était chose facile et coulante, les gars sortaient de classe en remuant la tête, pensifs. Leurs cahiers étaient pleins de dessins et d'images, certains l'appelaient par son prénom.

Comme il allait au cinéma chaque soir, il n'en pouvait plus durant le jour et quelquefois pendant qu'ils faisaient des exercices, dans le silence du papier gratté, il s'endormait. Alors ils souriaient entre eux, complices, et toussaient à petits coups quand ils avaient fini.

Il s'étirait, se levait et disait :

« Je vous demande pardon, je m'étais endormi. »

Les gars l'appelaient Jésus.

« T'as Jésus en français? T'as du pot. »

Auxiliaire, il est resté quatre ans, puis le directeur l'a viré. La section syndicale craignait qu'il ne fût trotzkard et puis le Christ au CET dérangeait trop d'habitudes.

En 1967 une prof formidable, Mme B., elle les passionnait; en fin de trimestre, elle trouvait sur son bureau un petit foulard, un paquet de blondes, des chocolats, elle s'est fait virer, l'administration lui a dit qu'elle portait des jupes trop courtes. En 67, elle me disait que c'était dur pour une femme d'être au CET parce qu'on a trop d'amoureux...

Un jour, elle entre dans un monoprix pour ses biscottes, tout près de chez elle, dans le 14ᵉ et elle voit derrière elle un fraiseur deuxième année qui verdit, elle s'amène franco :

« Bonjour, vous habitez par là, aussi? Ça vous fait loin. »

Le gars fait oui-oui, ils bavardent dans le mono et comme elle n'est pas bête, le lendemain elle va voir la liste, il habitait Argenteuil, le fraiseur, il l'avait suivie, c'est ça l'amour. Des petits mignons de première année qui craquaient pour elle et apprenaient la « Légende des Siècles » et Lamartine pour un quart de sourire...

T. c'était un prof d'atelier, le seul vraiment en dix ans de métier que j'ai pu connaître un peu, un petit mec canard jaune qui palmipédait à toute vitesse et qu'on trouvait partout. Au café le soir, il faisait des numéros, il chantait, pleurait à volonté, récitait Queneau, il avait fait du théâtre professionnel dans une troupe parisienne et puis un jour, plein le dos, ouvrier usine, voir du fer au lieu de gueules, il a plongé au CET. Il aimait vivre et faisait rire, ces petits de première année, il aurait pu les avoir, mais il n'a pas voulu. Il les vissait dur et sec. Impitoyable.

Quand on a été un peu liés je lui ai demandé pourquoi il jouait au sale con. Il m'a expliqué : ils allaient avoir à se bagarrer toute leur existence, si on leur offrait trois ans de mamours, ce n'était pas de la préparation. Lui il triquait, pire qu'un contremaître, de temps en temps il y avait de la rebiffe, il jubilait : il fabriquait, lui, de la main-d'œuvre pas commode.

Quand un des élèves entrait dans le bistrot il me disait bonjour et moi je lui rendais un bonjour, un sourire, une poignée de main. Lui se renfrognait dans son blanc sec et m'engueulait :

« Vas-y, fais ta putain, tu es bien vu, tu baisses ton froc et ils t'adorent, tu prépares des lavettes. T'es le vrai homme de gauche. »

Au début, je me défendais :

« Ça compte quand même qu'un prof, un adulte soit un peu gentil, ça fait plaisir de savoir que tout n'est pas vacherie, qu'il y en a qui...

– Non, ne déconne pas. Qu'est-ce que tu veux que ça foute à un type de savoir qu'il y a de gentils souriants professeurs, à un type qui va passer trente ans métallo avec des foultitudes de supérieurs au train.

Moi, en première année mes gosses tremblent, en seconde ils n'ont plus peur, en troisième je les passe à mon collègue parce que quand je sens qu'un type va me balancer son tournevis, je l'abandonne celui-là, il est pas sauvé, mais il est près de l'être... »

Je ne tranche pas, je ne connais pas assez l'usine pour ça, mais j'ai trouvé ça chez les littéraires trotzkistes très souvent. F. me disait : « Pour assurer l'ordre il y a les flics, l'armée, les juges et nous. C'est nous les plus importants, si un mec se lève et me dit merde, je l'embrasse... »

Je ne sais pas, je ne pouvais pas être plus salaud que je ne suis, j'aime bien leur plaire, les accrocher, par n'importe quel procédé d'ailleurs : le laïus, le calembour, j'en ai des trucs dégueulasses à mon répertoire. Au fond je pavane, je donne dans le désinvolte, le fin finaud. C'est pas difficile, quand ça prend comme une sauce, ils s'épaississent, je les vois en contrebas de l'estrade, ils ne disent plus rien, je m'envole, je suis bien, la vedette. Il y a peu de chose à faire, il suffit quand le surveillant frappe à la porte pour des papiers, de s'arrêter et de leur dire « scusez-moi ». Ça les souffle, ils s'en remettent mal, ça prend à chaque coup. Mais je crois de plus en plus que T. avait raison. Il avait tiré toutes les conséquences logiques de l'éducation comme préparation à la vie.

C'est vrai, ce n'est pas avec des guili-guili qu'on prépare à l'usine, mais moi préparer des types à une vie moche je n'ai pas pu, on a parlé, ri, on est allé au théâtre, on a travaillé aussi, faut pas croire.

Pourquoi je ne le dirais pas? J'ai pas honte, je rougis plus, j'ai perdu l'habitude, grâce à eux. Une fois même on a fait mieux, ah! ça, ça a été la grande soirée, il faut que je raconte.

J'ai perdu en quelle année, c'était une classe de grands, formidables, peu nombreux, des gars sympas, un fou de psychanalyse et tous très bien. Un jeudi, je m'arrange avec le prof de gym qui les libère et on se paye le cinéma. Studio de l'Étoile. On se prend un pot après et on discute, il se fait tard et petit à petit ça monte, ça monte : et si on se prenait la soirée? Pour la plupart pas de problèmes, il y en a un qui téléphone, trois qui partent parce que c'est pas possible autrement et qui vont prévenir les mamans des copains.

On monte à Saint-Michel, ils préfèrent, une soirée ils vont pouvoir jouer aux universitaires et c'est un peu dur pour moi de les voir prendre des airs d'habitués comme s'ils se baladaient la rue Saint-Séverin avec eux constamment.

On trouve un troquet et c'est la rencontre : une amie du temps d'avant, danseuse et mignonnette mais attention pas le Châtelet ni le tutu, d'une troupe sérieuse qui flirtait avec Béjart et qui y croyait ferme.

Trente-cinq ans (eh oui...) et qui s'exclame et qui me balance son bécot que je m'en gonfle et je présente.

Elle force, elle a compris tout de suite, l'actrice, quoi, elle va leur en donner pour leur demi-panaché.

C'était un café où il n'y avait que nous et des traîne-lattes, rue Maître Albert derrière Maubert.

Au bout d'une heure, elle s'échauffe avec un de mes gars ravi qui défend les pointes et le Lac des Cygnes parce qu'il a la télé et qu'il a vu à la maison des jeunes un film sur les ballets russes. Elle se sort de la banquette, passe derrière le comptoir et dit avec le sourire ballerine :

« Ce sont les coulisses, vous voulez bien... »

Et c'est le numéro, elle me l'avait fait deux ou trois fois mais j'étais content pour les mecs.

Sautillements, échauffements et crac, entrée en scène avec musique et tous les rôles : la figurante qui fait tut tut tut avec les jambes, le danseur porteur qui fait tournoyer et qui se lance en ciseaux tout bras jetés et l'étoile qui meurt au ras des planches en ondulant d'un bras pour faire cygne agonique : la, la, la, la, ta tsan, ta, ta, ta tsan.

La vraie poilade, elle aux anges qui battait des cils et qui saluait en révérence, confuse, en ramassant même les bouquets et les baisers au maestro et la coulisse où elle s'enveloppe de cape chaude et qui part en Rolls, les joues sur des camélias, les orteils en feu.

Ah si c'était au point son truc! Ils voulaient l'engager à l'Écluse à une époque pour faire ça et un numéro de dentiste et un autre encore, je ne sais plus.

Elle revient se poser toute rose, essoufflée, avant de sortir ses gitanes filtres et eux qui ont pris là un grand coup de fantasia, de perfection, pour eux, tout seuls, je l'ai senti si bien que c'était un cadeau pour eux, ils n'avaient jamais tant reçu, une chose pareille, si rodée, si spontanée, ça contenait toute l'intelligence, le culot, l'agilité du monde et voilà qu'ils assistaient à cela, l'impensable que pour eux, on se soit mis en frais, voilà, c'était exactement ça : quelqu'un de talentueux, du monde de l'art, avait piqué sa suée, comme ça, pour leur faire plaisir, pour leur donner à admirer.

Du coup, ils ne voulaient plus la quitter, je me souviens très bien de la fin, avant la dispersion, je n'aurais pas cru que l'enseignement ça mène là : des types en cercle autour du lampadaire de la place Furstenberg, qui grillaient des gauloises un œil dans les nuages merveilleux et l'autre sur une danseuse nocturne qui leur jetait aux yeux des vers luisants d'entrechats.

C'était autour le silence, comme il est à Paris, avec un fond ténu comme un fil de chanson. Si je les avais laissés ils y seraient encore sur le trottoir de la placette à voir caracoler une fille jolie. J'aurais dû les y laisser, c'était au printemps, tiens, il faisait bon. Un mois avant le CAP, deux mois avant de ferrailler au long des jours de notre vie.

Je suis rentré à pied, par les ponts, par Clignancourt.

J'étais content, il faisait bon et je me suis senti prof et c'est pas souvent que ça m'arrive, je venais peut-être de l'être comme jamais je ne le fus ni ne le serai jamais : j'avais fait connaître aux enfants à moi confiés quelques joies et quelques grâces de l'univers et je les avais laissés devant fumer leur cigarette.

Enfin tout cela est vieille histoire, autre lune...

J'ai dû considérer que laisser des gamins

assis sur un trottoir contempler une ballerine était le fin du fin de la fine pédagogie. Je me sentais vibrer, vivant exemple. Depuis je suppose que les types doivent s'échanger des joints, grande fraternité du tutoiement, tenons-nous la quéquette, nous sommes tous frères, etc. etc.

Bien que je n'en sois plus très sûr, j'ai l'impression à entendre parler autour de moi que les autorités sont de retour, la jeune effilochée baba que je voyais prendre le bus pour le lycée a troqué ses bottes d'égoutier et sa lenteur bouddhique pour des talons claquant ferme et les lèvres serrées des grands sévères. Fini la communion, voici la communication. Mode varie, pourquoi n'y aurait-il pas de mode pour prof? Une façon d'enseigner ne peut être disjointe du progrès toujours en marche comme chacun sait... Variations de techniques, variations de la conception de l'enfant lui-même qui est page blanche, salopiaud forcené, fragilité infinie, violence et noirceur, frêle porcelaine, connerie brute, enfant-roi...

Il a fait des lignes, il tape sur un clavier, il a

collé des syllabes, il a été noté sur dix, de A à E, pas noté, renoté, il a passé le BAC en deux sessions, en une session, en deux ans, en un an, avec examens d'octobre, sans examens d'octobre, l'instruction civique, pas d'instruction civique, re-instruction civique, Marseillaise obligatoire, facultative, priorité aux maths, au français, à la culture, aux maths, coefficient 4,3,2,5... Gymnastique, pas gymnastique...

Bref, on ne sait pas ce qu'il faut faire.

École préparation à la vie, au métier, formation de l'individu, éveil à la culture...

Qu'est-ce que ça veut dire « formation de l'individu »? et « matière d'éveil »?

Il y a des matières qui endorment?

Je ne peux plus aller dans un collège sans entendre parler d'éveil. Également de projet pédagogique. Si on m'invite, ça veut dire que le projet pédagogique, c'est moi pour l'année.

Personnellement je n'ai jamais su ce qu'il fallait faire, j'ai donc fait un peu de tout. Même de la psychanalyse.

Ça c'est un bon souvenir.

C'était il y a longtemps, je marnais dur à

l'époque et j'avais de l'ambition, je voulais les « intéresser ». C'était le terme du moment : « Intéressez vos élèves. »

La consigne number one.

J'arrivais de la Sorbonne, je ne voulais pas sombrer corps et biens dans les règles de grammaire et après quelques mois je me dis que si je suis encore un peu vivant, je vais leur faire de la philosophie, parce que ça a l'air complètement fou.

Descartes chez les moulistes, c'est un titre de Jerry Lewis, en avant pour faire le Jerry Lewis.

Un bon enseigneur c'est un parieur qui se dit souvent : tiens, je me parie que je vais faire un truc flambant avec eux.

Philosophie donc. Pour être précis, avec des gars de quatrième année c'est-à-dire ceux qui ont le CAP et qui font une spécialité en plus. Trois heures de français par semaine. Pas de programme. Pas d'examen.

Quand tout jeunot je suis allé voir le dirlo pour lui dire : qu'est-ce que je leur fais? il m'a dit de les occuper. Toujours content du moment que l'on ne lui casse pas les chaises.

La première année je me dis c'est des techniciens, donc il faut de la technique, le plus technique dans la philo c'est la psycho et le plus technique de la psycho c'est la psycho expérimentale et en avant pour la grande galopade des rats dans les labyrinthes, les singes qui tiraillent les ficelles, les mioches qui chopent des ballons au râteau (hoc experiment) avec les statistiques : cas favorables, échecs, etc.

Surpris de s'entendre parler de chimpanzés et de nourrissons, ils s'intéressent assez, posent des questions, regardent les deux, trois films et ça marche parce que ça les change, c'est nouveau et ça a un côté étudiant, laboratoire qui les gonfle un peu, ils font passer des tests au petit frangin, mais ce n'est pas ça quand même. Ce n'est pas ça parce que c'est encore trop de chiffres. Un jour, avec toujours un peu ma trouille d'en voir bâiller, je rentre dans la psychanalyse, les rêves, Œdipe avec rien de bien chiffré à quoi se cramponner.

Et là ça explose.

En plein dans le mille : ils sont passionnés par leurs intérieurs. Les ouvriers ont un intérieur! Et ils aiment ça!

Ils racontent leurs rêves, ils se découvrent des tics, des lapsus. Ah ils en avaient marre des pourcentages du problème de l'équerre chez les singes supérieurs, ça au moins l'inconscient, c'est un peu vivant et c'est bien eux, à eux, dans eux. Ça achète le petit « Que sais-je », les premiers Freud et ils m'en redemandent toutes les années. C'est ça : la psychanalyse c'est le moyen de se sentir compliqué et de s'éclaircir leurs mystères. Je tombe sur des numéros : un qui pense que toutes ces histoires c'est lié au signe du zodiaque, l'autre qui au dortoir, couche à l'envers des autres car la tête à l'est il se souvient mieux de ses rêves mais tous sont frappés d'un fait, même les sportifs, les forts en techno c'est qu'ils sont des choses compliquées et infiniment riches.

Ça c'est la question devenue rituelle :

« Mais moi, m'sieur, si je vais chez le psychanalyste, il trouvera rien... »

Il se sent réduit à peu de chose : une envie de filles, de faire un bon match de foot, réussir l'examen, une moto, vacances sur la côte et c'est râpé, on a fait le tour de bibi, c'est pauvre et rapide, et voilà que je leur révèle être bourrés d'un tas de conflits, rival du papa fraiseur, bandant pour la petite sœur avec les archétypes d'avant Jésus-Christ, lui, fraiseur mouliste né à Carrières-sur-Seine, rue Jean-Jaurès, bâtiment treize, il trimbale toute une civilisation, un atavisme, Eros et Thanatos, vous vous rendez compte, Thanatos un demi-aile gauche! à l'AS Sartrouville! Ils ne peuvent plus se lever du banc tellement ça les leste, l'inconscient obèse, un ventru de la psyché, avec une censure sur ça, un moi, des conflits, à se demander comment faire pour tirer un trait, un coup, un pénalty. Ça, ça les fait penser et attention, c'est pas des vannes, ce sont des choses médicales, que des docteurs dans le coup.

A la sortie du cours, ils marchent précautionneux, attentifs à ne pas faire chavirer les petits monstres internes, des fois que ça se défoule d'un coup, qu'ils fondent sur les copains en un baiser vorace, sur les voisins à coup de masse de chaudronnier... C'est terrible jusqu'où ça va, il faut que je tiédisse et tempère parce qu'ils interprètent, sautent, les autres profs surtout.

Il y a deux ans l'un d'eux est venu me voir, un du modelage :

« Tu leur fais la psychanalyse?

– Oui.

– Ah bon.

– Pourquoi?

– C'est dangereux, ce truc-là mais tu dois savoir, moi, je ne suis pas d'accord. »

Départ tronche fermée.

J'ai appris plus tard que D. lui avait dit que s'il suçait son crayon c'est parce que le sein maternel lui avait fait défaut.

D. a passé le reste de l'année tranquille parce qu'après ça, il n'a plus jamais été interrogé. Moi aussi, je me méfie, quand je parle, je fais un geste du poignet gauche pour faire sauter des crêpes, ils m'ont tarabusté avec ça parce qu'il y a une explication, ce n'est pas le bras qui bouge tout seul.

On reste un mois avec Freud en général.

Ce mois-là, c'est la belle vie.

Avant de commencer le cours, on rigole d'avance : ça va fumer.

J'ai puni C. : insolence.

Collé deux heures.

C'est un art la colle, pour que ça prenne bien il faut la placer doucement et à froid, dans le calme, ça tombe alors. Floc. De toute sa hauteur.

On note scrupuleusement, nom, motif, sanction.

Un petit temps encore et on reprend le cours en faisant semblant d'être très légèrement, mais alors très peu appuyé, ennuyé, navré d'avoir interrompu son cours tellement si tant beaucoup passionnant.

C'était un extrait du manuel du parfait petit salaud colleur.

Détails importants : ne pas prévenir, ne plus en parler et faire cela naturellement en chose facile et banale.

Dernier conseil : Une fois par mois seulement dans une même classe.

L'idéal c'est quand on entend murmurer dans le fond de classe :

« C'est qu'il le fait ce con-là ! »

Là c'est gagné.

Éviter souverainement de coller en état de crise coléreuse, ça n'adhère pas.

En tout cas, les choses étant ce qu'elles ne devraient pas être, ce n'est jamais indispensable.

Avec le recul j'arrive à ces conclusions c'est que chaque fois qu'il y a une grosse couillonnade de faite par un type, il y a deux façons : je le colle ou je rigole.

Le résultat est strictement le même sur le plan discipline : le calme revient, il est donc sûr que chaque fois que j'ai collé un gars, j'aurais pu m'en payer une tranche avec lui.

Pour V. par exemple, un deuxième année, il jaillit en ressort, balance une tarte derrière et dit sans respirer :

« T'arrête hein pt'it con va fais gaffe hein. »

Il est resté debout, on se regarde, vol de mouche, je suis de bonne humeur, je me retiens, ça se voit, il le voit, nos deux lèvres gagnent un bon centimètre sur nos quatre joues et tout se détend. Il se rassied calmé et dans la mansuétude souriante détendue qui s'installe, il dit en voix de cours préparatoire : « Il m'avait piqué, m'sieur. »

On reprend, bien à l'aise : on est tous des gentils.

Avec C. ça aurait pu être pareil mais j'ai manqué du sang-froid qui permet de se laisser aller à se fendre la pêche et il viendra samedi, le malheureux. Le grave c'est qu'il ne m'en veut pas, il travaille impec le restant de l'heure, il pose de judicieuses questions, il rampe un chouïa devant qui le fustige, c'est frappant ça : le puni est un gentil amical, en général of course parce que le prof de gym qui avait coincé L.B. en lui mettant quatre heures s'est retrouvé allongé et l'œil marine une bonne semaine, mais en CET on n'alpague pas un bonhomme qui dépasse quatre-vingt-cinq kilos, c'est évident.

Quelques années pour éviter que les collés soient trop nombreux (il y en avait soixante-dix par samedi) la surveillance astucieuse avait conçu un système de points à enlever d'une complexité foudroyante, barèmes échevelés, avec carnets à tenir, cent points en moins : collé, quatre cents : exclusion temporaire, etc. Ils en avaient huit cents au départ, en février, il y en avait qui comptabilisaient trois mille points en moins, une comptabilité exténuante avec des trucages audacieux : pages égarées, ou le nec plus ultra : avoir deux carnets, un pour la famille, c'était infiniment joyeux parfois mais éreintant à la longue mais que m'a-t-il pris de parler des pénos? C'est la fatigue ça, il faut être sérieux, ce n'est pas démagogie ni élucubration de gauchiste, je suis suffisamment vieilli dans le sérail pour le dire : même à Bezons, avec l'incroyable pourcentage de durs, de têtes de lard, de bille en tête, la bonne farce qui les possède, trognon compris, c'est la gentillesse : grande astuce, la meilleure.

Profs qui faites un métier sans règles en voici une : un gros câlin et meurent les brouhahas, sur la galère il faut être aimable et mondain, si on se mettait à cravacher, ce ne serait plus de la vie...

Tout ça pour dire qu'il y a mieux que la punition, que l'ennemi du prof c'est la peur qu'il lit dans les yeux de l'élève et s'il arrive à tuer cette peur, il tue la sienne du même coup et alors peut-être ça va marcher, jusqu'à ce que ça resurgisse parce que l'emmerdant avec la peur c'est qu'elle ne meurt jamais, elle est là, elle stagne, avec ses copines, la hargne, la haine, le mépris, la vacherie, les revoilà, c'est comme les incendies dans les Bouches-du-Rhône, on a toujours une panique en nous et l'allumette qui rôde...

Et les profs qui courent avec leur baquet de flotte, leurs petits moyens, les livres au feu, la maîtresse au milieu.

J'ai rêvé toute l'enfance de foutre le feu à la classe, durant la guerre, j'ai rêvé que tous les avions de l'Amérique bombardaient le cours complémentaire, je téléphonais à Roosevelt, à Eisenhower, je leur annonçais que c'était un nid d'espions, pire que Salonique, qu'il y avait la Wermacht entière dans les caves, Gœbbels dans un placard, Gœring sous le bureau, et ils me ratiboisaient ça que c'était un plaisir, nivelé au matin... Une joie sans mélange. En fait ils ont bien bombardé l'école, par erreur, une nuit, mais ce n'était pas la bonne, enfin je veux dire pas la mienne, un manque absolu de chance... J'ai dû repartir avec mon cartable, le ventre plein de nœuds parce que c'était l'année de L. L'année de l'Égypte ancienne. Je ne savais pas où était Stalingrad mais je savais alors par cœur les mensurations du Sphinx de Louqsor avec longueur des oreilles, largeur des pattes, hauteur au garrot, à la tête, poids approximatif, etc.

Il en écrivait de pleins tableaux, il arrivait à faire les pleins et les déliés avec la craie, c'était un virtuose. Souvenirs d'élève, souvenir de prof...

Un autre me vient soudain.

65,66 peut-être...

Je suis mort.

Au café, ce soir à six heures D. et R., profs d'ateliers tous deux, me sont tombés dessus. Il faut dire qu'ils sont tous les deux au PC et mènent les destins imprécis de la section syndicale. Il serait difficile de tout rapporter et je m'ennuyais mollement jusqu'au moment où une impression nette s'est dégagée, absolument identique à celle que donnent les élèves d'opinions fermement communistes.

Cette impression est la suivante : chez des types comme eux, l'attachement à l'URSS est la clef de voûte de leur idéal politique, or cette vénération est d'assise géographique et sentimentale.

Je me souviens qu'au lycée, vers la seconde, moi, ce qui m'attirait c'était l'Amérique, les chevauchées, canyons, une vie plus spatiale, Las Vegas, et tout ça.

Il y avait une revue parfaitement faite pour amplifier ce goût, avec des photos terribles de vallées, de troupeaux, de gratte-ciel, contre-plongée de nuages américains si dissemblables des nôtres maigrelets. Eux c'est pareil mais vers l'est, j'ai bien écouté D. surtout parler de ce merveilleux pays où il n'a jamais foutu les pieds : la neige, les grands fleuves, le froid sur des visages ronds, les isbas, la place Rouge, il jouissait de dire Novgorod, Uzbekistan, Leningrad comme prononcer avec l'accent Chicago,

Rio Grande, Montana. Il voyait ça : des sorties joyeuses de costauds d'usines, les fourrures, samovars, monde en marche, chœurs de l'Armée Rouge, barrages sur le Don, danses accroupies, tzar tombé, métros marbre, Kalinka, mers glacées, continent transbahutant ses rêves à lui natif de la Garenne, sevré de vents violents et d'histoire accélérée, c'était son western tartare, son space mongol.

Je sais ce qu'il veut D., profondément, en dehors du politique c'est cavaler avec son cheval, son drapeau de la mer d'Oman jusqu'aux plaines d'Ukraine avec des mots russes plein la glotte, il s'est fixé là idéalement, il collectionne *France–URSS*, abonné de la première heure, tout le Beau et le Bien sont là-bas, pas ailleurs, le mal ne peut en venir, j'ai parlé avec lui de l'intervention en Tchécoslovaquie, c'est du délire et R. est pareil, ils s'esclaffent :

Et tu crois ça! Presse pourrie, ravie de l'aubaine, quatre gauchistes à râler, mais c'est tout, des tanks il y en avait à peine et je peux t'en parler : F. y était au mois d'août, il passe ses vacances là-bas, eh bien il n'a rien vu et les gens s'en foutaient, c'étaient pas des tanks, c'était des bonbons, des caramels, des fleurs fraîches écloses, ah là là, ce que j'avais dit...

Pas fou le comité central français, il ne coupera jamais les liens avec Moscou parce qu'il sait bien que les attachements politiques profonds n'ont pas de fondements que politiques, surtout lorsque leurs théoriciens sont illisibles de la plus grande masse.

Et chez les gosses alors!

Vous pensez bien la lutte de classes repose sur deux choix d'histoire-géographie passionnelle, qui l'emportera?

La décapotable fraise écrasée sous le soleil de Los Angeles ou la balalaïka sur fond de dômes d'or et de peuple en marche?

Il faut comprendre, il n'y a pas que ça mais c'est net chez les gosses et je l'ai dit à propos d'autres choses, leur pensée démarre à partir du concret et leur prise de conscience politique dépend avant tout d'une préférence toute sentimentale qu'ils accordent à l'une ou l'autre des immensités et des deux épopées qui occupent les deux côtés sur les planisphères Vidal-Lablache que j'accroche au tableau.

J'ai parlé du Viet-nam l'an dernier, deux classes l'avaient demandé. J'ai lu des récits : bombes à billes, défoliations, discours d'Eisenhower. Beaucoup ne bronchaient pas : cela n'enlevait pas une herbe au Far-West et ne ternissait en rien la brillance des chromes Chrysler au soleil couchant de la Californie.

On n'entend rien à leurs opinions si on les coupe du charme et des attraits qu'exercent les pays où elles prennent naissance.

Plus tard d'autres expériences peut-être casseront l'importance du phénomène mais on ne peut pas leur demander de renoncer pour des raisons pour eux encore abstraites à des lieux dont le pittoresque s'assimile en idéal.

La loi de totalité joue : on ne sépare pas les douceurs de Floride du phosphore en Asie, pas plus que les lenteurs éternelles de la Volga des tanks dans les rues de Prague.

Matin frisquet de novembre.

J'en ai connu plein de semblables, ce sont des matins indiscrets.

Vous avez beau entasser les pull-overs, colmater au thermolactyl, il n'y a rien à faire : ça pénètre, la bise s'infiltre, c'est le temps du vent insidieux, insistant, c'est un temps scolaire.

J'ai toujours assimilé la classe à ces matins frais, sans doute parce que dans les deux cas je me suis senti sans protection, aussi démuni avec mes manteaux successifs contre les frimas préhivernaux que désarmé avec mon maigre savoir contre les pouvoirs géants des maîtres d'école.

Je me souviens, j'étais tout môme, une chose me frappait que je n'arrivais pas à expliquer : c'est celui qui sait qui a le livre.

Après j'ai appris que le thème du livre court à travers les civilisations, que les religions se bâtirent sur lui. Bible, Livre des grands anciens, formulaires magiques, Livre de vie, Livre de mort, c'est dans les livres que les hommes ont la plupart du temps mis les clefs de leur savoir.

Ils envahissent d'ailleurs les demeures des savants, la plupart des photos de penseurs les montrent sur fond de livres, bibliothèques surchargées, poussiéreuses.

La possession du Livre a donné lieu à des drames, des recherches, des poursuites...

Avoir le Livre, c'est posséder la Connaissance, le Pouvoir, de Lovecraft aux Talmudistes, l'idée court que tout est inscrit dans des pages, le secret est là, marqué.

Je l'ai su dès le début, pendant des années je n'ai rêvé qu'à une chose : posséder le Livre, ce livre qui m'épargnerait toutes les craintes, toutes les humiliations, et ce livre portait un nom : « Le Livre du Maître ».

Je ne sais si cela existe toujours : c'était le bouquin fabuleux, la clef des problèmes : il comportait toutes les réponses aux exercices.

Je l'imaginais énorme, de la règle de trois au traité de Westphalie, la solution à toutes les questions possibles.

Je rêvais que je l'achetais, j'étais le premier partout, je l'avais sur moi, invisible, j'en tournais les pages...

On en avait parlé avec les copains.

On avait conclu qu'il ne devait se vendre qu'aux maîtres, le libraire devait avoir des ordres.

Peut-être, si un enfant le demandait, il téléphonait aux gendarmes, les parents prévenus accouraient.

« Il a voulu se rendre possesseur du livre du

Maître! » Roue, estrapade, brodequins, bûchers...

Une injustice rôdant dans tout cela, imprécise et acidulée, une absurdité aussi.

Moi qui ne savais rien, je n'avais droit qu'aux questions.

Les hommes de savoir possédaient les pages miraculeuses. Qui, comble de tout, leur étaient parfaitement inutiles car en plus ils savaient déjà!

Luxe suprême, le Maître possédant le Savoir, et le Livre du Savoir.

Comment lutter contre une telle coalition?

Lamentable vermisseau bourré de toutes les erreurs possibles, détenteur du non-savoir absolu.

Que pouvais-je faire?

Étonnez-vous après que sur le chemin de l'école, les vents soient brutaux.

Les feuilles violentes et mortes se collent à mon ciré d'écolier.

Mon Dieu, c'était dur d'être enfant. Que c'est dur encore et comme c'est pénible d'y aller ce jour à l'école, au collège, au lycée...

Et comme c'est bon d'en partir, le soir bien

sûr, quatre heures et demie, l'heure longtemps sacrée, ou six heures, après l'étude.

Mais il y avait mieux que ces sorties légales, c'était de se faire l'embellie, en solo la buissonnière superbe, je ne sais si cela se dit toujours, de mon temps on disait « la bleue », bleue comme le ciel, la mer, l'été, le bonheur...

Un moment volé, terrible, fort, un orgasme de liberté, une chanson soudaine traversant les litanies, je me souviens d'une fois. Cela a dû me marquer, énormément, peut-être d'ailleurs que ce qui m'a le plus marqué de toute l'école, c'est le jour où je n'y suis point allé.

J'ai raconté cette escapade souvent dans des bouquins, sous des formes différentes, j'ai rajouté des péripéties, j'ai brodé, j'ai inventé des personnages, mais l'essentiel c'était de rendre l'incroyable largeur de ces heures fortes.

Paris ne fut jamais si plein de mouettes et d'alizés...

J'avais séché la classe du père Boulart.

C'était quelle année donc ça? Qui sait ce qu'est devenu Boulart?

Encore une phrase nulle : est-ce que je sais ce que je suis devenu, moi? le petit buissonnier du Trocadéro? C'était pas mon genre pourtant, j'étais un peu comme mes petits costumes, bien repassé et la blouse contre les taches, pas osé, pas chamailleur, pas le crack, quoi, et fluet en plus, la puberté qui tarde, la raie sur le côté, la nuque dégagée à la tondeuse jusqu'à l'occiput, je portais ma tronche sur mon mince cou, enfin j'étais pas un terrible et je me demande ce qui m'avait pris cet après-midi-là, l'envie de ne pas aller à l'école et de passer l'aprèm au Troca.

Pourtant, on habitait un peu loin, sur l'autre banlieue, il fallait se farcir toute une chaîne de bus et métro, mais ça ne fait rien, j'étais parti, avec les tickets et mon quatre-heures dans mon papier. Je tâtais de temps en temps pour sentir si je n'avais pas de ramollissements de chocolat dus aux moiteurs du voyage et, de couloirs en correspondances, j'avais fini par déboucher sur l'esplanade avec la tour Eiffel à toucher du doigt et un ciel d'un bleu si fragile qu'on ne sait pas trop si ça ne va pas déteindre sur la Seine en bas et sur les ponts.

Un ciel à pas oser marcher dessous, un de ces cieux qui viennent exprès pour les petits garçons en rupture d'école, certain jour, pour que ce soit meilleur encore de traînailler, appuyé au parapet de l'Alexandre-III, et pour qu'ils puissent voir encore plus loin, de leurs yeux navigants, tout le long fleuve, glissant au long des rives : que c'est large, ce méandre, comme je suis petit et qu'il est loin, Bouboule.

Ça remonte loin, j'avais quoi, douze ans? Oh! oui, guère plus..., douze ans, tout seul, la Seine, le Palais, c'était un contraste, là aussi j'ai eu la jolie joie, toute neuve, toute jeunette, toute volée. Une joie de grand large et de petit bonhomme : une joie filante, en ruban, comme les réglisses-rouleaux de la mercerie.

D'abord il faisait large, un espace terrible et plat qui ouvrait de partout sur des forêts d'avenues; d'une dalle à l'autre il fallait ouvrir de grandes jambes et on pouvait courir de-ci, de-là comme sur les plages lorsque la mer basse découvre de longues rues de plage dure.

Et puis c'était tout riche par ici, tout blanc et or avec des sculptures, des jets d'eau, des phrases très hautes en haut des hauts murs; on voyait si loin les monuments, les toits, tout vibrait et les quais mêmes faisaient cossus, c'était pas des vieux comme sur Notre-Dame ni des encombrés de grues comme vers Bercy, c'étaient des larges, en marbre sucre, avec des flottilles proprettes qui clapotaient élégamment; peut-être j'aurais dû payer pour avoir le droit de venir dans ce quartier, c'est si grand, si tout, que ça doit pas être gratuit, que peut-être il y a des gardes qui vont me reconduire dans mes banlieues à coups de pied dans le derche.

C'est vrai que tout le monde est bien habillé par ici, et surtout tout le monde est beau, ça, c'est une chose qui m'a frappé de bonne heure : plus les gens sont bien habillés, plus ils sont beaux, les jolis yeux, la jolie bouche, le cul moulé, l'épaule sportive, enfin bon, il n'y a que moi à faire petit, à mâchouiller mon goûter du pont à l'esplanade. Il n'y a pas d'autre petit môme comme moi, j'en ai juste vu un avec une petite cravate et le blazer, la mimine dans le gant d'une dame bondissante, il pouvait pas être à l'école, celui-là? Je ne sais pas pourquoi, mais j'avais déjà un peu peur de faire pas bien lavé, de répandre quelques odeurs, pourtant je ne plaignais pas le savon, mais ce ne doit pas être une question de savon, peut-être de rang social, par ici ils doivent avoir des trucs que l'on ne connaît pas vers Alfortville pour se rendre plus briqué, plus parfumé; ce petit garçon avec sa maman à ressorts, eh bien, il n'y avait rien à faire, je pouvais m'astiquer trois jours de suite, il aurait toujours été plus propre que moi; ou alors c'est l'alimentation qui leur fait ça, beaucoup de laitages, de carottes crues, ou alors l'air, c'est vrai qu'ici on respire, le vent vient de partout, je vais avoir les joues roses comme les enfants des dessus de magazines, comme les écoliers du parc Monceau... L'idéal ici, c'est le patin à roulettes, alors là, terrible : un petit coup de jarret et vzzzz en fusée jusqu'à tout le bout le bout le bout là-bas, ça doit foncer. Moi, je ne sais pas en faire et je n'en ai drôlement pas envie en plus.

Quand je pense qu'ils font toujours la géo avec Bouboule!

A l'entrée du pont, de chaque côté, il y a des chevaux blancs cabrés, d'en bas on voit le détail travaillé des jarrets, les muscles noués en force, au point de rupture du granit, que c'est beau ce que font les hommes, ils dressent blanc sur bleu des bêtes échevelées en haut de larges socles, des cavaliers massifs aux genoux de rochers, aux casques comme sur les livres Mallet-Isaac, c'est si beau que moi en contrebas, tout menu, tout pessu, tout grenu, les larmes m'en viennent et j'adore et contemple le triomphe de pierre immaculée qui envahit la nue et sous lequel passent les eaux clairettes et gouleyantes, ce pont large et ce palais neuf et les chevaux épanouis, sabots dressés jusqu'aux nuages, tout cela m'a fait un vire-vire dans le sentiment.

J'en ai aimé les hommes, d'un grand coup de foudre de respect.

Car ils savent faire de beaux paysages, déposer aux pieds du ciel d'immenses cavales et monter sur les collines des géants de bronze, vive l'humanité, celle des châteaux à grilles d'or, des Dianes dans les parcs, des Apollons sur les larges places, je jugeais par les œuvres, moi, ce petit moi de mes douze ans, et je béais, ravi; quelle race bâtissante et décoratrice; partout, le long des vallées et au bord des mers, elle avait placé ses édifices, ses temples, ses chevaux plein galop et tout en dur, indestructible et monumental impeccable, poli, brillant; les pluies glissaient mais n'entamaient ni les croupes ni les heaumes, ni les gueules des lévriers, et lorsque le soleil s'en mêlait, ça éclatait dans tous les sens comme de la farine de diamant.

De là vient peut-être ce goût respectueux des musées, un peu beaucoup trop sérieux : je n'aime pas qu'on traîne les pieds au Louvre, qu'on caramélise au cinéma, qu'on tousse au théâtre, mais revenons, revenons, il s'agit d'un garçonnet tout saisi devant un grand coursier écartelé, qui lui tombait droit dessus, battant l'air, l'œil sorti, la geste du minéral, là, dans le soleil babillard et les bises des bises venant de l'embouchure pour finir par s'étaler ici, sur l'esplanade, sur la crinière du beau cheval, sur la lance du grand costaud tout noir, tout cuivre au haut des escaliers; ce vent, c'était l'hommage de la mer aux espaces urbanisés, le salut aux statues.

Comme je suis fier! Moi aussi, je ferai de flambants coursiers, je les taillerai dans le plus sans tache des marbres de Naxos à Carrare et je les planterai sur les places dénudées, aux croisements des grandes routes, je les taillerai monstrueux, chaque patte comme une tour, qu'ils crèvent de l'encolure la cime des arbres et qu'on les voie ainsi vaguer de loin, dans une mer de feuilles vertes...

Comme elles sont lointaines, nos plus belles extases! elles ont poussé dans les quartiers nus et spacieux du Paris blanchâtre, Paris crémeux, un demi-jour de buissonnière, tout l'humain dans un canasson; je n'ai plus beaucoup admiré grand-chose par rapport à cet après-midi-là, j'ai fait des manifs, des meetings, des concerts, des théâtres et jamais je ne me suis plus senti si faraud si tendre d'être biologiquement le même que ceux qui font de telles choses; la communion, je ne l'ai vécue que là, si pleine entière, non, jamais elle ne fut plus totale, après vinrent des affinités, des sympathies, mais rien de pareil à cette lampée d'amour pour la grande humanité qui me vint de cette cavalerie qu'un vent humain et laborieux avait gelée en pleine ruade.

Des hommes immobilisaient pour l'émerveillement des guerriers, des lions, des pur-sang et disposaient leurs prises symétriquement aux entrées de ponts qui traversaient les rivières dominées.

Je le sais aujourd'hui qu'ils ne sont pas bien beaux, mes percherons, qu'ils sentent le plâtre et l'académie, je le sais bien, je l'ai lu, on me l'a dit, je le ressens, le goût s'affine, mais, Dieu, comme j'aime peu l'entendre dire, comme je veux encore qu'ils soient beaux, les plus beaux, maîtrisant des naseaux et des jarrets toute une puissance qui faisait de l'homme, mon tant semblable, le grand patron, le maître des espaces, le créateur de toutes les beautés.

Las! il m'arrive de reprendre ce pont, mais je scrute le feu rouge, je ne pense plus à ma splendeur équestre et...

Mais si nous parlions de cet après-midi-là, tout frais à l'ombre et brillant au soleil, noir et jaune, froid et chaud; des enfants non scolaires grenouillaient dans les bacs à sable des jardins, guettés par des tricoteuses; je revenais du pont pour la troisième fois à travers les allées détournées et montantes pour regravir en majesté les escaliers profonds grimpant jusqu'aux façades énormes, plates et vitrées. Le temps de sautiller au pied de l'Hercule de bronze qui bandait des triceps calcaires tout loin au-dessus de moi et je déboucherais au point haut du panorama, le grand balcon carré où s'étalait le soleil-beurre sur la tartine des dalles tièdes.

J'ai quitté les bancs de l'école pour ceux du lycée.

On appelle cela la pénétration dans le secondaire.

J'ai troqué le cartable pour le porte-document et je suis devenu un petit monsieur.

Un apprenti petit monsieur...

Le look lycéen a changé, il s'est assoupli.

Je regarde quelquefois les élèves entrer ou sortir de leur établissement, au hasard de mes balades.

Ils ont des fringues plus molles qu'autrefois.

On a l'impression que certains viennent en pyjama, ils ont ces sortes de survêtements avec lesquels on ne peut pas faire du sport, des blousons flous, mode informelle qui les noie un peu dans les tissus.

Ils ont la tête qui sort de textiles volutes.

Il reste quelques irréductibles, bien peignés, du complet veston cintré près du corps et de la cravate carcan mais ils sont rares.

Ils cherchent moins à faire « Monsieur »...

Nous, nous n'existions que si nous ressemblions à des grands, eux sont affolés de se sentir exister à part entière dans leurs sapes bariolées.

Évolution, évolution, des malins sont arrivés à les persuader qu'être jeune était exister pleinement.

Pas con d'ailleurs, et pas faux sans doute : ils ont leurs coiffures, leurs couleurs, leurs langages, leurs musiques, leurs mœurs, leurs godasses, leurs boissons, leurs bouffes « Buvez Jeune », « Mangez Jeune »...

Ça déborde d'ailleurs, commercialement, la jeunesse est un idéal, qui ne veut pas être jeune?

C'est un argument de vendeur : « Vous avez l'air d'avoir dix ans de moins là-dedans! »

Le chef de rayon opine du chef : vous vous regardez dans la glace avec votre tee-shirt Mickey, votre pantalon de clown et votre veste d'Auguste... Très intérieurement vous vous dites que vous avez l'air d'un type de cinquante balais déguisé en Disneyland et vous avez du mal à admettre, vous achetez la mort dans l'âme : il faut tellement avoir l'air jeune, quitte à ressembler à un con, qu'il est difficile de résister...

Tout cela pour dire que dans nos belles cités européennes la jeunesse est valeur sûre, marché géant, idéal notoire. Que la démarcation entre jeunesse et enfance pète ses coutures.

Dans les boîtes à jeunes qui chaque nuit déversent des décibels à vous défoncer le tympan et balancent des rayons laser sur des pistes de danse surchargées, naviguent et chaloupent des marmots de plus en plus tendres, quatorze ans, treize ans, demain viendront les nourrissons, en layette mode, les prématurés, couveuses branchées...

Invasion commerciale, socio-culturelle.

Mais attention, au milieu du déferlement, au milieu de cet impérialisme juvénile, se dresse, inamovible, inexpugnable, indestructible, irréductible, et j'en oublie, la masse solide, napoléonienne et pas marrante, la masse costaude du lycée.

Ici, cessent les guignolades.

Ici, c'est la préparation à la vie.

Lui a résisté.

La vague s'est brisée sur ce récif austère (alexandrin).

Le lycée vous apprend que le but de l'existence c'est demain, que le présent ne peut avoir en aucun cas la valeur du futur et que l'état de jeune n'est qu'un passage, bref d'ailleurs, et que ce passage comme tout passage, amène à la vraie vie, celle de l'adulte.

Et là commence le déchirement pour le gosse à qui tout, dans les rues, la télé, les magazines, le métro, tout crie que la jeunesse est réalité et le lycée qui lui apprend l'inverse : demain il sera autre chose et seul cet autre chose compte...

Il y a de quoi paniquer.

Au cinéma hier, je regarde les publicités, il y en a une exaspérante, sur le chewing-gum.

Des adolescents bronzés superbes, joyeux, éclatants, qui font du vélo, du canot, du canoë, qui s'échangent des bises au vol, tombent par terre chorégraphiquement, rebondissent, éclatent de rires élastiques, tous copains, tous amis, à la vie, à la mort, on le sent, ils s'aiment, ils se roulent avec les filles des gamelles folles, tout va bien.

Image ridicule de carte postale animée.

Je les imagine sur les bancs d'un lycée.

La concurrence surgit entre eux, la compétition, l'examen, le concours, l'aura, l'aura pas...

Voici que le souci creuse leurs peaux superbes.

Si vous ne travaillez pas, si vous croyez que la jeunesse est un état, vous ne réussirez pas dans l'existence.

Et voici que malgré les coiffures dans le vent, les walkman plein tube et les jupes indianisantes, la peur entre en eux...

Le lycée puisqu'il est la préparation à la vie en devient l'inverse.

Qui croire?

Comment s'y retrouver?

Qui a raison?

Malaise, malaise...

La peur a changé depuis le primaire, elle est moins directe, plus insidieuse, plus subtile, dans les rangs moins d'engueulades à pleine voix, mais une angoisse plus grande : plus on avance, plus ce sera dur.

Plus les places seront chères.

La compétition se resserre, le chemin se rétrécit, devient plus qu'ardu, qui sera en tête?

Les examens vont du certificat-formalité au BAC-flippant sans compter plus tard les licences difficilissimes et ne parlons pas des inatteignables agrégations dont on connaît des gars qui l'ont présentée cent fois sans l'avoir jamais, et puis il y a les sections, les degrés, les coefficients, les options, BAC A,B,C,D,W,X,Y,Z...

De temps en temps, un magazine dont le rédacteur en chef doit avoir un fils ou une fille stressé par un examen fait passer un article sur des gens célèbres qui n'ont pas le BAC.

Une ribambelle impressionnante qui ne signifie rien mais qui soulage un peu, qui laisse entendre que le laissé-pour-compte de l'Éducation nationale peut tout de même espérer survivre, mais on sait bien que ce sont des exceptions, que sans bagages, comme on dit, on ne voyage pas longtemps ou alors il faut un talent exorbitant, un culot d'enfer, une voix d'or, une gueule d'ange, un shoot de rêve.

Pas grave de ne pas avoir le BAC si l'on est Pavarotti, Platini, Rockefeller ou Paul Newman mais c'est pas donné à tout le monde et surtout pas à moi, petit jeune de Charlemagne, Fénelon, Laennec ou Jean-Jaurès.

Voici venu le temps des échéances, des consécrations ou des échecs.

C'est dans deux ans, plus qu'un an, cette année, quelques semaines...

Ça vient l'été, il fait beau et on part un matin : l'examen...

Je vais me faire examiner, qui dira que c'est un bon moment à passer?

On m'avait tellement dit que tout pour moi en dépendait, que sans le BAC je ne serais rien, qu'avec je pouvais peut-être devenir quelque chose que je ne savais plus très bien si le mieux était de l'avoir ou pas. Sans lui, eh bien tout était clair au fond, finis les emmerdements, je pouvais commencer à loucher du côté des quais de la Seine ou de la Légion étrangère...

Avec lui, je repartais vers d'autres études, d'autres trouilles.

Combien de fois avez-vous entendu parler de ceux qui « perdent leurs moyens » à l'examen?

Le plus fort c'est que cela existe.

Et alors, on ne fait rien pour eux?

A notre grande époque où fleurissent les psychologues, les compreneurs de vies antérieures, psycho-pédagogues et autres spécialistes, ils n'ont pas pu encore inventer une combine pour ne pas les désavantager?

Et encore pour perdre ses moyens il faut en avoir, ce n'était pas mon cas, je me sentais nul, le vide absolu, un zéro à deux pattes, cotonneux, malade...

Combien on nous a bassinés sur la fragilité adolescente!

Passage difficultueux où des personnalités non encore formées chahutées par des problèmes sentimentalo-pubertaires, des modèles de maturités, hésitent, tâtonnent, s'emberlificotent dans le bourbier juvénile, et pour arranger les choses, pour aider un peu, crac, le BAC! Ils ont à peine la tête qui dépasse, et vlan, on appuie dessus...

Après on vient bassiner les foules et parler de renouveau de l'alcoolisme chez les jeunes, de la drogue chez les jeunes, de la délinquance chez les jeunes...

Suivant les humeurs des médias et les erreurs des statisticiens, ils sont amorphes, révoltés, inadaptés, bref ils ne cesseront jamais d'être un beau sujet de discussions.

J'allais à Charlemagne, c'était il y a longtemps...

Avec quelques copains, nous remontions par la Bastille, nous avions des complets vestons qui ne nous allaient pas, la jeunesse n'était pas encore devenue un marché, nous portions des costumes d'hommes alors que nous n'en étions pas.

C'est un trajet que je fais encore quelquefois et je vois des jeunes gens suivre le même chemin. Ils ont l'air moins emprunté que nous, ils sont plus colorés à l'extérieur mais écoutez-les parler : leurs soucis sont les mêmes. Il y a A-Ha à Bercy mais la dernière note en math est une catastrophe, la soirée en boîte et l'examen blanc...

Tout cela s'entrechoque et ne s'assemble pas.

Je me suis demandé parfois si ce gigantesque marché qui est ouvert pour les jeunes, ces émissions télé, ces radios, ces modes ne sont pas un fier produit de l'Éducation nationale, si ce n'est pas elle qui, à force de sérieux, de sévérité, de compétitions, a créé un tel climat qu'elle a suscité le besoin de son contraire, un univers joyeux, superficiel, que l'adulte juge infantile et lamentable, une culture anti-culture, exutoire excessif mais combien compréhensible.

La boîte à BAC crée la boîte de nuit, si un jour ça devient marrant d'aller au lycée, ces refuges tape-à-l'œil auront moins de raisons d'être.

Entre deux univers aussi factices l'un que l'autre, l'adolescent navigue à vue sans savoir où est le port...

Même les capitaines de navire vous diront que c'est là source de belle angoisse.

Pourquoi avais-je envie d'écrire le livre de mes peurs et non celui de mes joies?

J'en ai eu, je parle des joies scolaires bien entendu...

Je crois que la raison est simple, bien que bizarrement elle ne me semble pas être souvent avancée : lorsque l'on est enfant et que les adultes vous enseignent, vous encadrent, lorsque vous êtes livrés à eux, il me paraît normal qu'ils vous procurent du bonheur.

Pour un prof, être bon n'est pas être un bon prof. C'est être prof tout court.

Ceux qui m'ont rendu le chemin de l'école moins long, moins ardu, ceux qui m'ont fait des rentrées sereines, qui m'ont installé dans la sécurité au cours des heures de classe étaient des gens qui faisaient leur difficile métier... Je ne leur dois pas de merci.

Les autres m'ont terrifié parce que je ne voyais pas de raisons à leurs actes, pas de raisons de gueuler, de menacer, de mépriser, d'humilier.

Ils étaient du monde des imprévisibles, des crocodiles en bord de marigot. Immobilité absolue et déclic subit, coup de patte éclair...

Et je leur dois toute ma rancune.

Il y a des excuses. Il y en a toujours : lassitude, routine, fatigue, amertume, pédagogie fumeuse, idéologie militaro-clownesque, imbécillité absolue, etc. etc.

Mais je connais bien des profs qui sont usés, fatigués et qui ne cassent pas les pieds au monde c'est-à-dire à leurs élèves...

Problème de nature, de recrutement. Existe-t-il une sorte d'hommes formateurs?

Possible.

Au fond j'ai l'impression aujourd'hui d'une chose étrange, peut-être regrettable mais réelle : la peur m'a formé.

Si je suis devenu ce que je suis c'est à elle que je le dois : ma permanente pétoche de l'autre, ma phobie de la foule, cette vague impression d'être le plus con de tous, partout.

Mon agressivité aussi, rentrée bien sûr, mais agressivité terrible : nul plus que moi n'a distribué des trempes mentales, je suis le roi de la volée imaginaire. J'ai commencé au préparatoire, je ne suis pas sûr d'en avoir fini.

Il m'arrive encore de rencontrer au hasard des soirées une tronche qui me paraît particulièrement stridente, son regard me juge ou néglige de me juger, ce qui est pire, et voilà que sans s'en apercevoir il prend un crochet du gauche en pleine mâchoire, suivi d'un uppercut au foie, un doublé au pif, il rebondit de mur en mur, écroule les tables, s'effondre, je le relève à coups de pied, c'est une loque, une serpillière, je le piétine, le voici confetti, confiture, j'en ai presque de la peine pour lui tandis qu'il fait le beau là-bas avec son champagne framboise et son air con...

Pour éviter de tels massacres, j'ai bâti une vie qui roule entre quatre copains.

Si je vais bouffer un soir chez eux je sais qu'ils n'invitent personne d'autre, j'y vais donc en tout repos.

C'est ça que j'ai dû profondément retenir de l'école. Ni Marignan, ni Trafalgar et le maître étalon, ni Westphalie, ni la dépêche d'Ems, ni Abd el-Kader et sa smalah. Une crainte qui ne m'a jamais lâché, une idée ancrée, encrée, que la vie n'était pas hospitalière.

On connaît la réplique de Satie : « Vous verrez plus tard, à cinquante ans... J'ai cinquante ans et je n'ai rien vu... »

Je crois que la vie pouvait m'être différente.

Je sais qu'elle n'est jamais que ce qu'on en fait mais justement, on ne m'a pas préparé à bien la faire. On me l'a trop décrite redoutable, j'ai toujours été trop petit pour elle.

A douze ans, le maître c'est la vérité. Ce qu'il dit n'est pas douteux, s'il affirme et par écrit encore, que vous êtes un petit con et que vous le resterez il y a de quoi vous faire sortir les omoplates et baisser le nez et même aujourd'hui où j'ai quand même pris du recul, et oh combien, je peux l'avouer, je ne suis pas encore totalement persuadé que ce salaud de L. n'avait tout de même pas un tant soit peu raison. L. revient en moi, il profite des lassitudes, il est mon doute, ma malédiction.

Je peux bien l'admettre, chaque fois que je sors un livre, j'ai toujours un peu l'impression que tout cela est un énorme malentendu. Que ce n'aurait pas dû être, qu'il a dû y avoir quelque part une erreur de manuscrit, qu'ils croyaient sortir le bouquin d'un autre, superbe, élégant, plein de beautés, sans fautes d'orthographe, avec des périodes balancées, de la pensée riche et que c'est le mien qui sort raplapla, étriqué, chiche, mal dit, peut mieux faire, peu appliqué, trente-cinq fautes, quatre sur vingt, repassez en octobre...

Voilà.

C'était un bout de souvenir enragé, pas enragé vraiment d'ailleurs, on m'a tant dit qu'il ne fallait pas parler que je n'ai jamais pris l'habitude de crier bien fort... Mais enfin, je l'avais sur la patate cette histoire de terreurs.

Il fallait que je le dise.

Je ne veux plus aller à l'école

J'écris ces lignes en fin de dimanche et c'est novembre.

Je regarde par la fenêtre...

Je ne sais pas où il se trouve, sous lequel de ces toits, derrière laquelle de ces fenêtres il se tient, vissé à ses devoirs dans lesquels il patauge, mais je sais qu'il existe, je sens sa présence aigrelette, son odeur d'angoisse, acidulée : il a L. demain et il fait froid en lui soudain...

C'est un petit garçon un peu timide qui ne dormira pas très bien car il y a cette dictée du lundi à la première heure. C'est pour lui que j'écris ce livre.

C'est mon collègue de trouille, mon compère en jetons...

Un gosse qu'on emmerde.

Cet ouvrage a été réalisé sur
Système Cameron
par la SOCIÉTÉ NOUVELLE FIRMIN-DIDOT
Mesnil-sur-l'Estrée
pour le compte des Éditions Balland
le 30 septembre 1987

Imprimé en France
Dépôt légal : août 1987
N° d'impression : 7765
ISBN 2.7158.0649-3
F2 6726

